圖解

心智圖的第一本書

修訂版

腦力全開 想像力 x 記憶力 x 學習力

Mind Maps for Kids:
Max your memory and Concentration

心智圖發明人＆著作暢銷百萬本 **東尼．博贊（Tony Buzan）**／著
陳昭如／譯

新手父母

21世紀的競爭力—思考力與學習力

身處快速變遷、講求創新的多元化社會，我們每天要面對如潮水般湧來的資訊，如果還是採用單一的模式或唯一的方法來解決生活上的各種問題，恐怕會捉襟見肘。因此，培養批判性的思考模式，能夠讓我們在面對問題時釐清思緒，對訊息加以判斷、分析分類、演繹推論、綜合歸納，進而做出正確的決定。這不僅是21世紀必備的關鍵能力，也是每一位關心子女教育的父母，必須認真面對的課題。

我在1997年前往英國參與的心智圖法（Mind Mapping）師資培訓課程時，本書作者**東尼・博贊**（Tony Buzan）特別強調：思考力與學習力是一體的兩面，因為二者皆應用到大腦兩個重要能力，一是「想像力」（imagination），另一則是「聯想」（association）。「記憶力」是透過想像力與聯想，把要記憶的事物轉化成對學習者有意義的概念，以便儲存到長期記憶裡。「思考力」也運用想像力與聯想，根據需求，把記憶在腦袋的資訊，有系統、有效率的擷取並使用。**心智圖（Mind Map）是大腦想像力與聯想的最佳呈現工具，心智圖法是養成超強記憶力的最佳方法。**

一個好的學習方法必須具備理論的基礎、有效的方法及實用的工具。理論絕對不是冷冰冰的學術產物而已，理論是綜合歸納許多實務上的經驗所累積而成，是充滿熱情與活力；方法指的是解決問題的一系列過程；至於工具則是解決問題所需要用到的東西。**心智圖法是一種運用到左右腦心智能力，累積人類智慧所形成的一種「有效提升思考力與學習力」的方法**。它所用的工具，最主要是本書作者在1974年，透過《心智魔法師》（Use Your Head）一書所提出的「心智圖」，其理論背景涵蓋了認知心理學、語意學、圖解思考、色彩學與圖像學等領域。

「心智圖法」是一種以樹狀結構為主、網狀脈絡為輔的放射性思考模式，將資料依據彼此之間的關聯性，展開分類分層及因果關係的結構。以心智圖做的筆記，能使知識的儲存、管理、活用與創造更有效率，進而增進學習的效能。

古諺云：「一幅畫勝過千言萬語」。希臘哲學家亞里斯多德也曾說：「人類思維的展開，是以視覺化的圖像為基礎」。圖像是人類最早用來記錄事物、表達想法的工具，圖像運用到大腦諸多的心智能力，例如色彩、線條、空間、順序結構、想像力等，特別是想像力。想像力的英文是由拉丁文「imaginari」衍生而來，它原來的意思是「心智的圖像」。

相較於文字，圖像更能吸引目光的注意力，激發更多的聯想、引導情緒的感受性，因而強化了創造力與記憶力。**心智圖與其他類似的圖解思考工具，在視覺上最大的差異就是圖像與色彩**。但心智圖法在圖像的應用原則是，在重要資訊的地方才加上插圖，以達到凸顯重點、吸引目光的目的，及所加的插圖必須是一個能與文字內容產生聯想的畫面，這樣才能達到強化記憶的效果。

在書中，作者用最簡單易懂的方式，指導讀者認識，並知道如何有效使用「心智圖法」。在Chapter 1中，作者說明提升記憶力的重要原則，Chapter 2則解說整理心智圖筆記的技巧與步驟，Chapter 3提出如何複習才能強化學習效果，在Chapter 4則是訓練記憶力的「故事情節記憶法」與「空間位置記憶法」，最後Chapter 5則用幾個小練習，增強讀者對這本書的內容學習。總之，這絕對是一本想利用心智圖法提升記憶力者，最佳的入門手冊。

在快速變遷的社會裡，倘若善用心智圖法，必能了解大腦有效思考與學習的原理，激發正面積極的態度，掌握知識的系統性，讓學習成為快樂有趣的事情。透過心智圖法刺激腦部的活動，培養兼具廣度與深度、邏輯與創意、理性與感性、科學與藝術的思考模式，建構出21世紀必備的競爭力。

謹誌

「孫易新心智圖法®」培訓機構創辦人

記憶力，提昇孩子競爭力！

真心推薦

資訊氾濫的時代來臨，誰能快速處理資訊，誰就是下一世紀最有競爭力的人。為了處理龐大資訊，「記憶力」是現代人不可或缺的致勝祕笈，若能輕易地記下各種知識，瞬間啟動大腦龐大的資料庫，就能大幅提昇工作效率，讓時間做更有效的整合運用。

記憶力是可以訓練的，就像肌肉一樣，當肌肉訓練愈發達，動作就愈迅速。有效的訓練大腦，有助於加速擴大記憶容量，發揮更大的潛力。增強記憶力的方式有很多，在《圖解心智圖的第一本書》中，強調「**聯想力**」與「**想像力**」是兩大幕後功臣，若能善加運用「形態」、「數字」、「象徵」、「顏色」等元素，讓人、事、物做各種有趣的排列組合，將使左右腦得到充分的發揮。

複雜的大腦程式，從記憶收集、排列組合到產生智慧，必須加以「格式化」，建立龐大的資料庫，才能重新改寫大腦結構。否則，大腦就像凌亂的房間一樣，沒有加以順序規劃，無論找什麼東西，都必須花費加倍的精神和心力，卻未必能在第一時間內，做出正確的判斷與抉擇。人生的成就是人類大腦價值的投影，腦力卻不幸當機，最後與成功擦身而過，豈不令人十分扼腕！

為了啟動大腦的引擎，保持最佳思維速度，在平時，勤加保養不容忽視。人腦的結構，由1,000億個神經元所組成，當複雜的連鎖結構產生效應，將會產生不同的行為，形成獨立的思考能力、驚人的學習能力或適應力。

我以為《圖解心智圖的第一本書》在字裡行間充分運用記憶力的元素，以深入淺出的表達方式，十分適合新手父母與子女共同閱讀，共享大腦祕密，絕對是一本你與孩子值得一讀再讀的好書。

陳光 謹誌

陳光教育機構總裁

增強記憶，就是這麼輕鬆

真心推薦

「老師，我覺得我已經很努力了，可是不曉得為什麼老是記不住？」

「老師，請你告訴我，我的腦袋結構是不是有問題呀？不然，為什麼同學唸個一、兩遍就記得的，我唸了四、五遍還是會忘記？」

縱使我任教建中紅樓已逾四分之一世紀，縱使我多次教的是數理資優班的孩子，縱使其中有不少少年是世界奧林匹亞比賽的常勝軍，是許多人心中：建中紅樓才子中的才子；可是無法否認的是，每年每一屆每一班，我還是會遇見二、三學生在面對數理公式、英文單字、國文成語、佳句必要的背誦、記憶時，一臉疲憊又苦惱的來向我訴說他老是「記不住」的挫折感。

從國內到國外，數百上千場針對父母或師長的教育巡迴演講裡，在會後也常遇見一些為兒女功課學業煩惱的爸爸媽媽或師長，深鎖眉宇的這樣告訴我：「老師呀，我聽說好多大醫院裡的醫生都是你的學生，請問那些學生是不是生來就比較聰明？讀過的就不會忘？?——我兒子偏偏就是什麼都背不下來！」

有意思的是，有幾次，還有媽媽在會場外，私下、放低音調、悄悄的問我：「聽說有中藥店在賣一種聰明藥茶，說泡開水早晚喝，很有效！老師呀，你知道哪一家有賣嗎？」也曾有媽媽熱心直接的這樣對我說：「記憶要好的話，就去迪化街買聰明丸吃呀。我有日本朋友來台灣就是專門來買這種聰明丸！」

噢——什麼聰明茶，又是什麼聰明小丸子？

就科學就醫學的角度或實驗來看，我還真無法相信有那種喝茶、吞吞丸子就可以一夕變「聰明」的妙方、魔法棒。

不過，從適當的教育啟蒙時間點，從科學人性化的演練方式來著手，的確是有幫助集中精神、增強記憶的好方法。

東尼．博贊（Tony Buzan）是「世界記憶錦標賽」的創辦者，同時也是增強記憶「心智圖」的發明人，其作品如今已通行一百多個國家，被翻譯成三十多種文字。

令人欣悅的是，新手父母出版社能搶「鮮」為東尼的「圖解心智圖」發行了中文版圖書；相信這將為無數正為孩子記憶力不夠好而煩惱的爸爸媽媽，提供了真正可行的解決之道。

什麼聰明茶包、聰明丸子，我想還是少理為妙；唯有為孩子找到真正科學實用又有趣的學習途徑，才是孩子問道求知大路上的聖典福音。

《圖解心智圖的第一本書》一書，將為天下父母、兒女打開那奧妙的記憶之門，讓孩子在輕鬆快樂中學得神奇的記憶法，展現連自己可能都不清楚的潛能記性與專注本領。

陳美儒

親子教育家．建中資深高三國文教師兼導師

獻辭

本書是獻給所有夢想可以記住想記住的事物，卻又找不到正確方法來開啟自己驚人記憶力及無限創意的孩子們。本書包含了正確的記憶法，將幫助你美夢成真。

謝辭

感謝所有「掌握心智圖者」（Master Mind Mapper）的孩子，協助我完成這本書：使用心智圖幫助他們進入夢寐以求學校的艾德蒙・屈伏連（Edmund Trevelyan）及亞力山大・肯恩（Alexander Keene）；斯洛（Slough）的畢屈渥學校（Beechwood School）學童透過心智圖證明他們原有的天賦；蘇格蘭的貝瑞希爾（Berryhill）學校的孩子在心智圖上優異的表現；底特律柳樹奔（Willow Run）學校的小朋友；新加坡學習與思考學校（Learning and Thinking Schools）；墨西哥里昂的胡馬諾（Humano）學校；澳洲希布魯克（Seabrook）小學的學童；以及全世界其它所有使用「心智圖」、而我又何其有幸得以結識的小朋友！

我要特別由衷地感謝羅森出版社《圖解心智圖的第一本書》的工作團隊：出版總監卡羅・唐金森（Carole Tonkinson）、資深編輯蘇珊・阿波特（Susanna Abbot），她同時也幫助我寫作並完成了本書：設計娜塔莎・泰特（Natasha Tait）、封面美術設計經理宋妮亞・杜比（Sonia Dobie） 資深產品控管妮可・林哈特（Nicole Linhardt）、公關經理莉茲・道森（Liz Dawson）、國外版權總監蘿拉・史卡拉梅拉（Laura Scaramella）、以及管理總監貝琳達・巴茲（Belinda Budge）。

此外，我也要非常感謝：插畫家史蒂芬妮・史翠克蘭（Stephanie Strickland）用她優異的插畫讓本書更為生動活潑；作家喬・哥德費伍得（Jo Godfrey Wood）在寫作與企畫上的協助；魏德比學校（Wetherby Schools）校長珍妮・艾維斯（Jenny Aviss）鼓勵每個人使用心智圖；提能茂斯（Tynemouth）國王學校（The King’s School）的菲利普・尼克森（Philip Nicholson）在編輯方面的建議，以及我最不可思議的文學經紀人卡洛琳・沙特（Caroline Shott）。

最後，我要特別感謝《圖解心智圖的第一本書》這本書的家庭團隊：萊斯利・拜亞斯（Lesley Bias）「飛也似的手指」、凡達・諾斯（Vanda North）將心智圖的神奇魔力介紹給世界各地的孩子；我的兄弟貝瑞・博贊（Barry Buzan）數十年來長期對我以及心智圖概念的支持；以及我的媽媽珍・博贊（Jean Buzan）總是鼓勵我這個「已經長大」的心智圖孩子！

來自東尼的信

若是你能記**住所有**想記住的事，會變成什麼樣的人呢？你會：

★ 成為你最喜歡的偶像，屬一屬二的**專家**？

★ 知道本季每場足球賽的分數，好讓女（男）朋友對你有**好印象**？

★ 記住所有最棒的笑話，成為**有名**愛開玩笑的人？

★ 了解每個星座與行星，成為**令人尊敬**的天文學家？

★ 成為**眾所周知**的演員，可以輕鬆背下所有的台詞？

★ 記住歷史上驚人的諸多事件，成為**傑出**的探險家？

當你能牢記很多事情時，就可以得到**任何**你想得到的東西。

這就是一部能幫助你變成如此的書。我將利用一種神奇的記憶法，教你如何**增強**記憶力。你很快就會發現自己花在學習上的時間變少了，而有更多時間可以跟朋友一起**玩耍**。你將在考場上遊刃有餘，而且每科都能拿到A。你將會了解與你最感興趣事物相關的**每件事**，同時別人也會來請求**你**幫助他們記住很多事。

至於最棒的是什麼呢？那就是運用你的記憶力，其實是件很**有意思**的事。你的記憶力跟你一樣，也希望能得到**樂趣**並好好**享樂**一番。當你了解如何與你的記憶力玩耍時，你將發現**每件事**都變得非常有趣——即使現在的你一點都不覺得如此。你所能學習與達到的境界是無止盡的。擁抱你驚人的記憶力，將能使你**所有**的美夢都成為事實。

所以，你還在等什麼呢？
翻開本書，準備**增強**你的**記憶力**與**專注力**吧！

TONY BUZAN
東尼·博贊

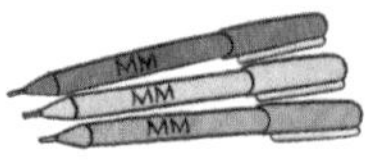

圖解心智圖的第一本書

Chapter 1

你不可思議的記憶力

Your Marvellous Memory

你知道你擁有無限的能力，
可以記住想要記住的**每件事**及**任何事**嗎？
沒錯，是**任何事**喔！

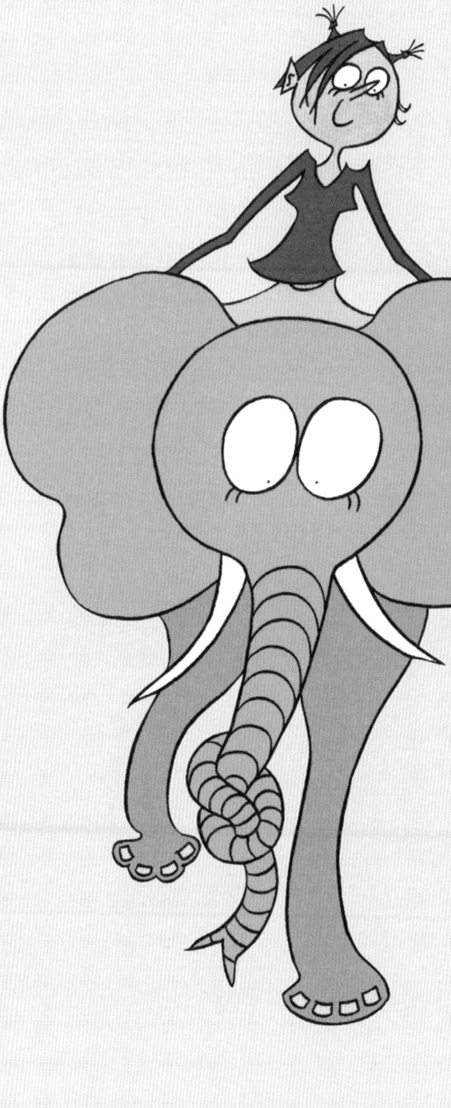

想想看，這會讓你的人生變得多**輕鬆**，充滿多少樂趣啊：你知道你們球隊每場比賽的分數是多少，讓你女（男）朋友對你留下好印象；如果你弄丟了行動電話也不必感到困擾，因為你記得所有的電話號碼；你在考試時能夠得心應手，因為你記得所有學過的東西——想想看，這會讓你**知道**，拿到應得的高分有多麼容易！

在我們繼續討論之前，想想**你**是怎麼形塑你的記憶力的。你認為自己「記性很好」，還是「記性不好」？你的記憶力是不是有時候**很棒**，有時候卻讓你很失望？舉個例來說，當老師當著全班面前問你問題時，是否有時正確答案就在你最需要的那一刻，卻怎麼樣也想不出來？你真的知道記得答案，可是它好像就在你舌尖上，但你就是怎麼樣也無法把它吐出來。而且最令人生氣的是，你是不是經常發現，過了一會兒之後，等你腦袋關機了，開始思考其他事情的時候，竟然又突然想起答案是什麼了？

為什麼會這樣呢？如果你的記憶力總是讓你失望，並不是因為你「很笨」、「遲鈍」，或其他任何你想像可以形容自己的負面字眼。這只表示了你需要給你的記憶力一點點**幫助**，讓它能儲存資訊，以便當你需要時能回憶起那些資訊是什麼。
想像你的腦袋是**個超級大的圖書館**。

神奇的大腦
大象永遠不會忘記事情

大象擁有絕佳的記憶力？這是真的嗎？沒錯！
大部分的大象在經過許多年的分離之後，
仍能認出他們的人類朋友與動物朋友。
最近有一群年輕的突利（Tuli）象在返回南非的野生地帶後，
仍能分辨出誰是誰，並且很快就被原來的象群所接納。

你腦袋裡的資訊**一直**在那兒，但若是那些資訊是亂七八糟地堆在裡面，當然很難記住。你所要做的，是幫助你的腦袋把資訊儲存到別的地方，讓這些資訊可以更容易自腦海中取得。這也是我想幫助你的地方。等你讀完這本書的時候，你將可以**掌握**你的記憶力，並記住任何你想記住的事。

記憶女神 妮牟辛

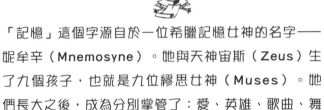

「記憶」這個字源自於一位希臘記憶女神的名字──妮牟辛（Mnemosyne）。她與天神宙斯（Zeus）生了九個孩子，也就是九位繆思女神（Muses）。她們長大之後，成為分別掌管了：愛、英雄、歌曲、舞蹈、喜劇、悲劇、音樂、歷史與天文的女神。

對希臘人來說，只要結合宙斯的能力與妮牟辛女神的記憶力，就會產生創意與知識（也就是他們孩子所掌管的九種知識）。對你而言真的也是如此，如果你能運用記憶技巧的話，就能增強你的記憶力，**同時**也會變得更有**創意**。這表示了你會更快學會新的事物。

動動腦
同時玩玩左右腦

你會逗弄別人嗎？逗弄人不只很有趣，

也是能讓你左右腦同時發揮功用的極佳方法。

逗弄別人能增進你的記憶力，特別是你的專注力（見第38-9頁）。

運用左右腦，你的記憶力將突飛猛進！

你知道你的腦袋被分成兩半嗎？這兩半有不同的功能及不同的運作方式。當你思考語言、數字或清單目錄時，你是在運用你的**左腦**。當你注意到顏色、學習你最喜歡的歌曲的節奏、或是運用**想像力**夢想生日宴會有多棒時，對於**右腦**正是個很好的練習。

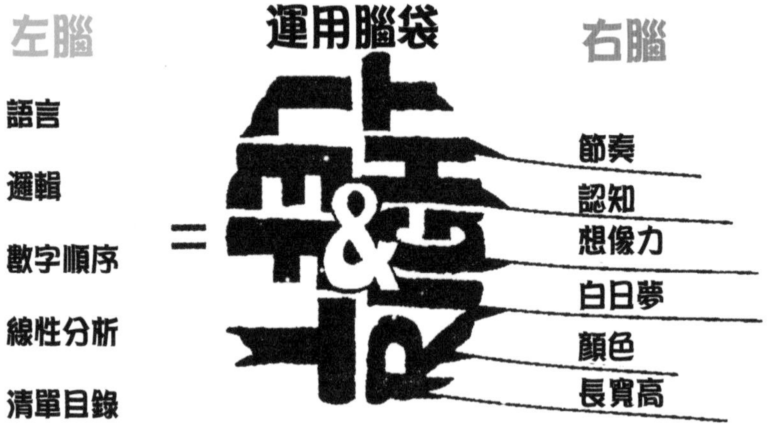

當你在學習或記憶事情時，運用**想像力**之所以很重要的原因，在於這時你很努力地使用**右腦**，而通常你是比較依賴你的左腦。這種情形常發生在學校裡，因為許多你需要學習的事物──日期、事實與數字──都是左腦所擅長的。如果你只使用一邊的腦袋的話，就像是只能用單腳走路，同時把手綁在腳踝上，還要那隻腳拼命往前走！若是你**同時**使用左右腦有如一個團隊的話，不只會走得更輕鬆，還可以用最短的時間**衝刺**到終點──甚至是超過終點線！這會讓你記住**任何事**都變得非常容易。

8
?
oui
si
ja
你好
7

1.想像力

運用你的**想像力**來幫助記憶，會讓**記住**每件事都變得更**有趣**。你也會發現有些事情變得更好玩，也更容易記住了。這裡列舉了兩份清單：

1.石頭、空白、你的、白色、回家功課，以及
2.派對、音樂、家長、假日、禮物、陽光

在這兩份清單之中，哪一份比較好記呢？當然是**真正**引起你興趣、或似乎更為**有趣**的那份清單。你不喜歡、或是無法捉住**想像力**的事物，總是讓你很容易就會忘記。關鍵是運用你的**想像力**，讓你想記住的事物變得更有趣，即使你認為他們真的很無聊。現在讓我們來看看在**想像力**這支隊伍中，還有那些其他明星選手。

★**誇大**。好啦，讓我們面對這個事實吧，學習中世紀輪作農作物的傳統方法實在是不怎麼吸引人，不過若是你讓想像力**任意馳騁**的話，可以讓它變得更有意思。例如你可以想像每年歲末農作物從土壤裡跳出來，**瘋狂地**跑到下一個田畦裡去。

★**大笑**。「大笑」與「笑話」與「誇大的手法」一樣是同一組事物。當你想像你要學習的事情越滑稽，或是越令人吃驚時，就會越容易記住。所以，你可以想像麥子衝進下一田畦裡時，竟然還冒著煙（puff）（喔！這就是「爆麥花」（puffed wheat）的由來！），而且還拼命冒汗跟喘氣。

★**感官**。運用你的五個感官，盡可能幫助你的**想像力**。請你盡可能生動地想像田地裡的模樣：**看著**（see）長在田裡的金黃色麥穗，感受用手**觸碰**（touch）它們時粗糙的感覺；你**聞到**（smell）潮濕的泥土味；**聽到**（hear）大麥在另外一片田裡摩擦發出的沙沙聲；**品嚐**（taste）甜甜穀物的味道。

什麼是輪作？

中世紀時的人每年都會改變田裡種植的作物，如此土壤裡的養分才不會耗盡。

如果這一年是種小麥的話，下一年就會改種大麥，

而下下一年則不種任何東西，好讓土壤休息一下，讓田地休耕。

★**顏色**。想像一片風景，試著盡可能為它著上最逼真的顏色。金黃色的麥田是如此地明亮，讓你不得不把視線轉到空曠田野的黑色土壤，好讓眼睛休息一下。然後你眺望一片綠油油的麥田隨著微風搖曳。

★**節奏**。就是答案。當你在學習時，若是能產生一些動作或是節奏，心裡便能浮現更為具體的「圖像」。試著想像穀物連根拔起、飛也似地跑進下一田畦裡，而農夫則是匆忙地在田梗間跑來跑去，有如趕羊般地想辦法讓穀物歸隊。

★**正面思考**。一般而言，你**喜歡**、以及**正面**思考的事物，會比你不喜歡、或是負面思考的事物更容易記住。不要再告訴自己說你不該忘記某件事，而是要告訴自己說你必須**記住**它。當你開始不再擔心自己的忘性，那麼你的大好機會就將來臨了！

大腦的驚人事實

大腦小史

你是否知道：

★地球大約有 5,000,000,000年的歷史？

★地球上開始出現第一個生命大約是在 4,000,000,000年以前？

★人類發展出現代大腦大約是在 100,000年以前？

★人類們終於了解大腦在我們的腦袋裡，而不在心裡，大約是在 500年前？

而且

★我們發現95%的大腦功能究竟是什麼，大約有 10年的歷史。

另外，科學家計算出人類平均使用大腦的記憶功能不到1%。沒錯，不到1%！想想看這對你的意義是什麼？想想看你的大腦還有99%的空間被閒置，而你完全沒有用到──你真的可以記住任何事情，而且是每件你想記住的事情喔！

確定
你以及你的記憶力
總是玩得很開心！

2.聯想力

記憶力的第二個明星選手是什麼？聯想力就是將自己所知道的事物通通**串連**（link）在一起的方法。例如當你回母校拜訪時，可能會嗅到某種特殊的氣味，看到、或是聽到某些事情時，很快便會喚起你當年在那兒栩栩如生的記憶。你可以**準確無誤**地記住所有事情。這些記憶一直儲存在你腦袋裡，而氣味與聲音的作用就有如**扳機**一般，會開啟你的記憶肌開始運作。讓聯想力變成如此是很有趣的，也會讓你很容易有機會**發展**（flex）你的**想像力**。

你可以運用這種天生的腦袋技巧，讓你**得到好處**，並幫助你學習並記憶事物。**聯想力**有點像是個擺滿衣架的衣櫃。如果你希望能學點新的事物，就必須找出新事物與原先已經放在衣櫃裡的東西的關聯，然後把它們掛在同一個衣架上。

比方說你參加一個派對，遇見了一位叫做亞力的人，希望能記住他的名字。剛好你弟弟也叫做亞力，而且還是個滑板好手。你可以想像他們兩個在同一個地方溜滑板。如果你能在派對的亞力與你的弟弟亞力之間，建立起強而有力的**聯想力**，就可以毫不費力地記住這個新的亞力。

另外在**聯想力**這支隊伍中，還有哪些明星選手呢？

動動腦
不可思議的記憶力

你知道世界記憶錦標賽每年都會舉辦一次嗎？
在2004年世界記憶錦標賽上，
來自英國的班．普利摩爾（Ben Pridmore）以記住了隨機選擇出來的3705個
“1”與“0”的順序（例如1,0,0,1,1,0……）
打破了世界紀錄。他還贏得了整個錦標賽的冠軍！

★**形態**。找出你希望記住事物的形態。舉例來說，你替爸媽到店裡買東西，必須記住清單上所有的東西。試著將你要買的東西分門別類，例如分成水果、蔬菜、肉類或是家用品。這可以把所有的資訊分割成幾個小部分。另外，你還可以找出其他的形態：像是根據大小尺寸（例如從大到小）、事情發生的時間（根據你手邊還記得的日期或事件發生順序），以及根據顏色分類。

★**數字**。根據數字的大小順序，可以真正幫助你記住清單上的東西。有一些利用數字的特殊記憶方法，我們會在第四章中討論到。

★**象徵**。利用象徵或圖像，是另一個製造記憶力扳機的聰明方法。例如每次你腦中浮現一個想法時，你可以在它下面畫一個燈泡，或是當某些事進行的很順利時，你可以在它旁邊畫一個笑臉。我們在下一章將會看到，心智圖會運用到許多的圖像與象徵。

現在你總算了解如何獲得記憶中的兩大明星選手，也就是**想像力**與**聯想力**，讓你能夠成功！現在是讓我們討論記憶工具，以及**增強**你非凡記憶力的時候了。

Chapter 2

記憶的心智圖

Memory Mind Maps

心智圖是一種你可以選擇的工具，
它可以幫助你調整記憶力至最佳狀態。
心智圖能發揮極大的功效，
因為它運用了記憶中兩個明星選手：**想像力**與**聯想力**。

最棒的記憶工具

心智圖是與你的腦袋一起記錄與計畫，好讓你記住事情變得更容易的一種特殊方法。它運用顏色與圖像讓想像力盡情馳騁，好讓你可以藉由這些顏色與圖像彼此之間的關聯、曲線或「分支」，用文字或圖像描繪出來，幫助你的記憶力建立更強而有力的聯想。

利用心智圖記住任何事情，不論是多麼複雜的事情，都會有如一陣微風般地輕鬆。它是最棒的記憶工具。

心智圖能夠幫你：

★ 記住誰跟你借了CD。

★ 假日時記得攜帶所有的東西。

★ 分神時能夠集中注意力。

★ 上課時會記筆記。

★ 記住同學與家人的生日是哪一天。

★ 從不同的管道，例如：網路、圖書館、博物館做研究及獲得資訊。

★ 為考試複習功課。

★ 記得做夢的內容。

如何繪製心智圖

心智圖真的很容易繪製。譬如距離那個非常寒冷的假期已經非常久遠了。即使那時你真的度過了一段非常美好的時光，但等你一回到學校上課以後，那段時光似乎就變得離你很遠很遠，甚至當別人在你剛回來時，問你度假期間做了些什麼，你竟然已經忘記了。

1.拿一張空白的紙（不要用上面有畫線的紙，因為它會妨礙你的思緒流動），然後把白紙橫放。

2.拿幾枝色筆，選幾個你最喜歡的顏色。

3.在白紙中央畫出與你在度假時做了什麼、或到了哪裡等有關的圖案，然後在圖案的上方、下方或是裡面寫上「我的假期」幾個大字。把你主要的思緒放在圖案上，讓你的注意力集中，可以更自由地揮灑思緒。

4.選一個顏色，在中央圖案的旁邊畫上一個主要分支，把它畫成上寬下窄的樣子。然後把你對假期的第一個印象寫下來，而且只能用簡單幾個字表達，把這個分支給填滿。本書的例子是麥可剛從國外度假回來，而他畫的圖案中的幾個分支，是「海灘」、「遠足」、「旅館」、「人們」、「活動」。你可以在你的主圖中，用不同顏色增加幾個主要的分支。

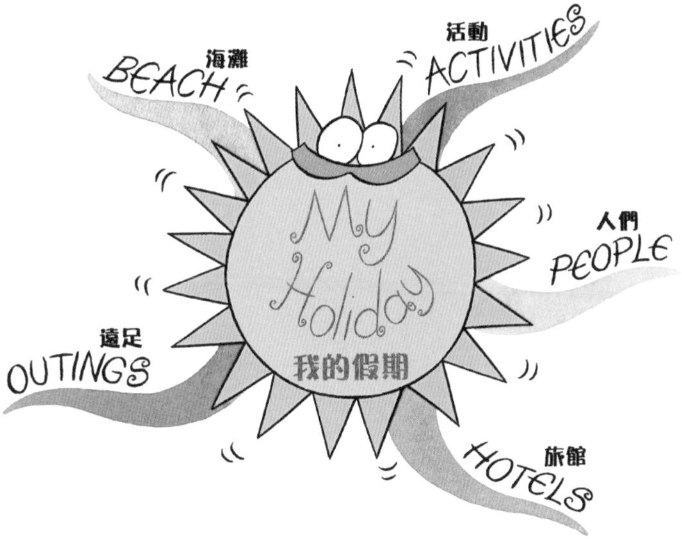

5.現在讓你的腦袋好好想一想，該怎麼發展屬於你的主要分支。如果你的其中一個分支是「海灘」的話，那麼你在海灘上做了什麼呢？游泳？日光浴？蓋沙堡？你可以沿著主分支，再畫幾個比較細的分支，然後用比較小的字把想到的事情寫在上面。你也可以在每個小分支旁邊畫上圖案或象徵（記住，圖像可以幫助你的想像力）。簡單的素描也不錯——沒錯，你會畫圖！確定這些字及圖畫跟那些分支是有關聯的，因為若是它們在紙上有所關聯，也會在你的腦海裡產生關聯（這些分支是透過聯想力來幫助記憶的）。

6.當你腦海中浮現更多相關想法時，請為這些子議題增加更多的分支。現在你已經對假期有一個完整的記錄了——這就像是日記一樣，而且比日記還棒！然後請你把這張紙翻過來，看看麥可在假期裡做了些什麼。

神奇的大腦
做夢

你知道做夢跟做白日夢，

可以幫助你發展想像力，並幫助你記憶嗎？

東尼的記憶問答題

1.記憶力的兩個明星選手是什麼？

2.在這兩個選手之中，還包括了其哪些選手？

3.什麼東西一周（week）會出現兩次，一年（year）會出現一次，
但一天（day）卻從來都不會出現？

4.什麼東西在收（down）的時候可以頭朝下（go up）地從煙囪裡爬下去，
但是在開（up）的時候卻不能頭朝上（go down）地從煙囪裡爬上來？

答案：

1.想像力與聯想力

2.誇大、大笑、感官、顏色、節奏與正面思考都是屬於聯想力的組成元素。小撇步：繪製想像力與聯想力的心智圖，幫助你記住這些選手。

3.“e”這個字母。

4.雨傘。

看書
日光浴
航海
BBQ
浮潛
海灘
游泳
蓋沙堡
博物館
城堡
遠足
我
咖啡館
紀念碑
走路
購物
腳踏船
遮陽傘
閒晃
跳舞

活動
水肺
岩石
爬山
潛水
風箏
飛
足球
5人制足球
人們
家人
媽咪
爹地
茱迪
吉姆
朋友
凱利
大衛
迪多
胡安
微笑
導遊
計程車
伍克伍德
山姆
蘇西
旅館
皮諾拉斯
游泳池
迪士尼
沙灘排球
健身房

讓思想起飛！

假設學校要你交一份有關「火藥陰謀」（Gunpowder Plot）註的歷史計畫，而你已經透過圖書館、網路和當地博物館找了一些資料，也在找資料的過程中做了很多筆記。現在你必須有邏輯地把資料彙整起來，並記住這些資料的內容，好在課堂上侃侃而談。讓我們來看看你的筆記是否有什麼問題。

你到底該如何彙整這麼多的資料呢？你有很多種不同整理資料的方法，這其中並沒有什麼「最好的」方法，所以你只要找出這些資料在心智圖的分支中，有清楚關聯的部份就可以了。例如，你的筆記裡有很多關於宗教的部份，這可以作為心智圖裡的主要分支。此外，在資料中也有關於這件陰謀本身及其所牽涉到的事，所以「陰謀」也可以構成另一個分支。

心智圖鼓勵你找出所有資料的相關性**聯想力**，幫助你適當地彙整資料。這也是為什麼心智圖可以讓腦袋記住事情變得**真的很容易**。當你繪製完你的心智圖之後，甚至可以把所有資料都集中在**同一張紙上**（你再也不用跟一大堆資料搏鬥了）。夠炫吧！請翻到第30頁的心智圖範例，試試看你是否能畫出自己的心智圖。

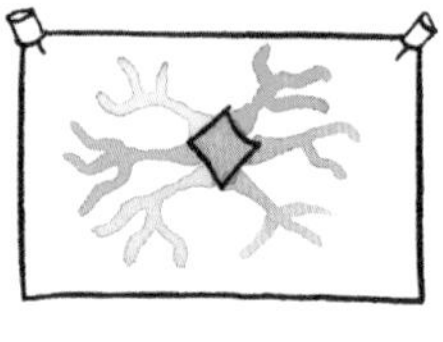

如果你想在討論課時記住所有資料的內容，可以在心裡畫出心智圖的每個分支。請你記住紙上每個分支的顏色與位置，這樣就可以把心智圖分支上的**顏色**、位置與資料聯想在一起。只要你用過這個方法幾次之後，就可以絲毫不費吹灰之力記住所有資訊了。

註 1605年的「火藥陰謀」事件，是由羅伯蓋茲比帶頭的共謀者計畫要在信仰英國國教的國王詹姆士一世召開國會時將他炸死，使英國人陷入混亂的局面，這些叛變者就可以趁機推出新的統治者，繼而將英國回歸天主教治國。但是1605年11月4日那天午夜來臨前，蓋茲比的同夥福克斯在國會地下室正準備引爆火藥時卻被發現了，一場政變也因此而流產。

1605年的「火藥陰謀」事件，差點炸毀英國國會。

英國女王伊麗莎白一世死後，蘇格蘭國王詹姆士六世是與她血緣最親近的宗族成員，所以他成為英王詹姆士一世，同時也是英國國教的領袖。

當時英國基督教主要分為三派：視教宗為領袖的羅馬天主教；視英國國王為領袖的英國國教，以及追尋純淨，試圖揚棄主教、蠟燭、長袍及各種儀式的清教徒。

當時英國的天主教徒認為，天主教終將再起並統治全國，還可選出自己的領袖。

天主教會以及由羅伯·蓋茲比（Robert Catesby）所領軍的一小撮人，包括基杜（蓋）·福克斯Guide (Guy) Fawkes等人很討厭詹姆斯一世，決定謀殺他及所有國會議員。

叛徒租下英國國會隔壁的房子。他們在房子下面挖了一條隧道通到國會地下室，在那裡放置了一桶桶的炸藥，打算等國王、上議院與下議院的議員到那裡的時候，把他們炸死。

在那一小撮人中，有人去警告議員蒙特戈要小心。當他們大舉搜索地下室時，當場逮到了基杜·福克斯。

福克斯被帶到倫敦塔，被刑求要他說出其他的叛徒是誰，但他始終沒有說出來。後來他和其他餘黨（有八個人）被判處死刑。

從此以後每年十一月五日，英國人會點燃營火，紀念英國國會得以倖存。營火燃起的熊熊火燄，呈現出當年陰謀下炸藥爆發的威力。由於基杜·福克斯是被燒死的，所以營火的頂端會放一個假人做的「傻瓜福克斯」。

神奇的大腦
到底是哪一天？

你老是記不住下次是哪天要做什麼事情嗎？
沒關係！在心智圖上畫上你必須記住的日期或星期，
那麼你就會在正確的時間與地點，做出該做的事了。

恭喜你！現在你已經掌握記憶力的最棒工具——心智圖了。在你繼續看下一章之前，讓我們擊掌並休息一下吧——因為你已經擁有心智圖啦！

生長在沙漠裡的貓
叫什麼？

珊蒂．克勞斯
（Sandy Claws，
意思是「沙爪」）

ps. 珊蒂．克勞斯（Sandy Claws）是 Lois Shope與Ray Shope兩位繪本作家所創造出來，一隻孤苦無依的小貓角色。

東尼的記憶問答題

1.你走進一間黑漆漆的房間裡，手上只有一根火柴。房間裡有一盞油燈，一個暖爐及一只爐灶。你最先會點燃什麼？

2.有一個人關掉所有的燈之後上床睡覺。可是他起床看到報紙上的新聞，卻變得非常難過。這是為什麼呢？

3.什麼東西切好了以後放在桌上，卻不會被吃掉？

4.你一整天問人家什麼問題，每次的正確答案都不一樣？

答案：

1.火柴

2.這個人是住在燈塔裡。所以他關掉所有的燈，卻造成了船難。

3.一堆撲克牌。

4.時間。

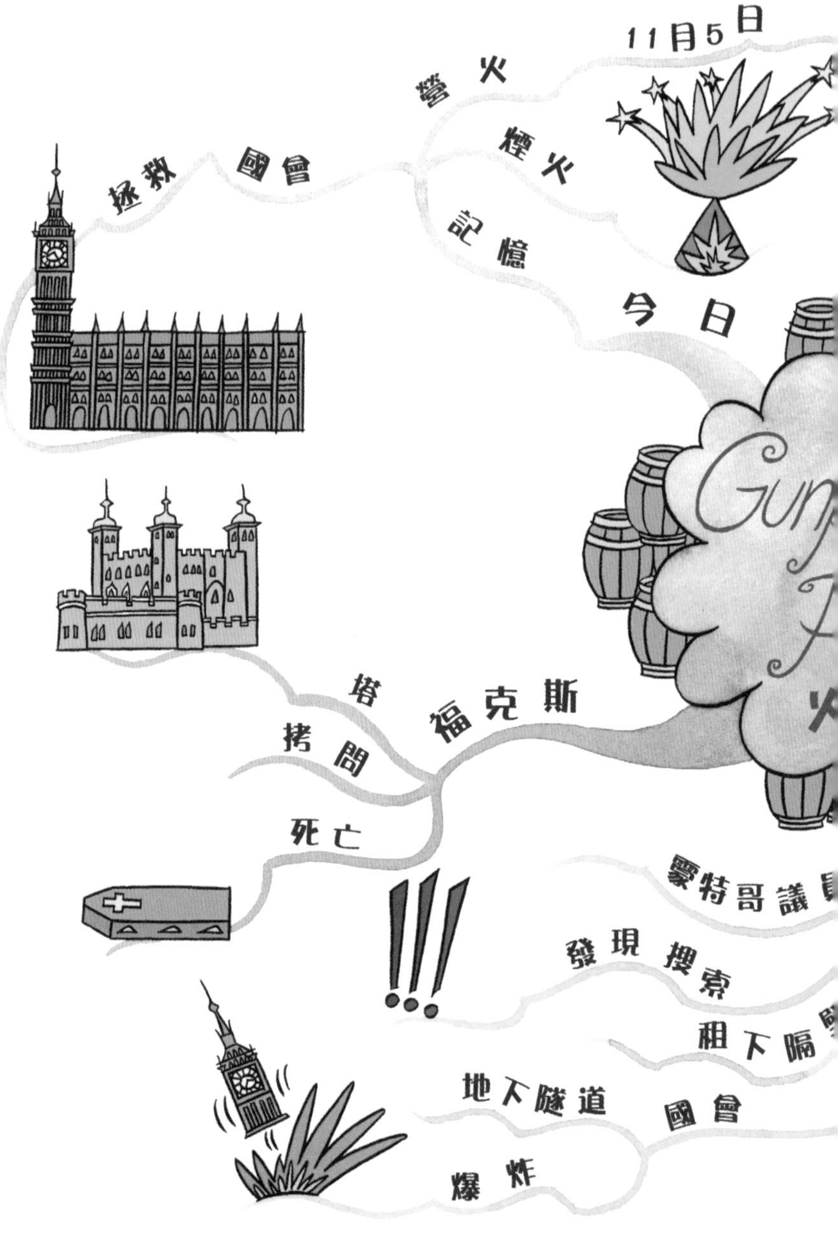
11月5日
營火
煙火
記憶
今日
拯救
國會
塔
福克斯
拷問
死亡
蒙特哥議
發現
搜索
租下隔
地下隧道
國會
爆炸

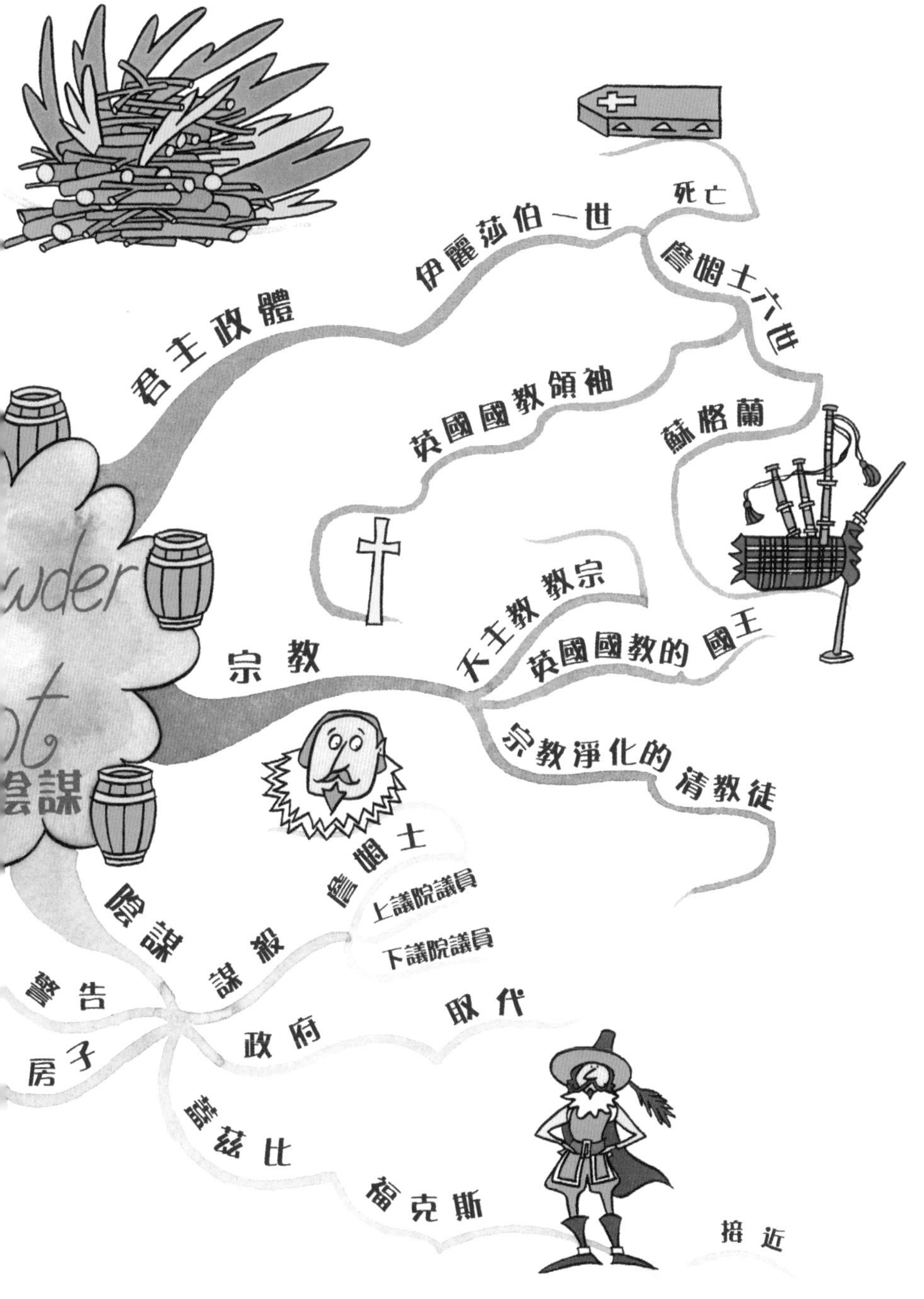
死亡
伊麗莎伯一世
君主政體
詹姆士六世
英國國教領袖
蘇格蘭
天主教 教宗
英國國教的 國王
宗 教
宗教淨化的 清教徒
wder
ot
陰謀
詹姆士
上議院議員
下議院議員
陰謀
謀殺
警告
取代
政府
房子
蓋茲比
福克斯
接近

Chapter 3

複習與休息，記性會更好

Repeat and Rest
to Be
the Best

休息不只是輕鬆一下。
不管你信不信，
當你在休息時，
真的能學習得**更好**！

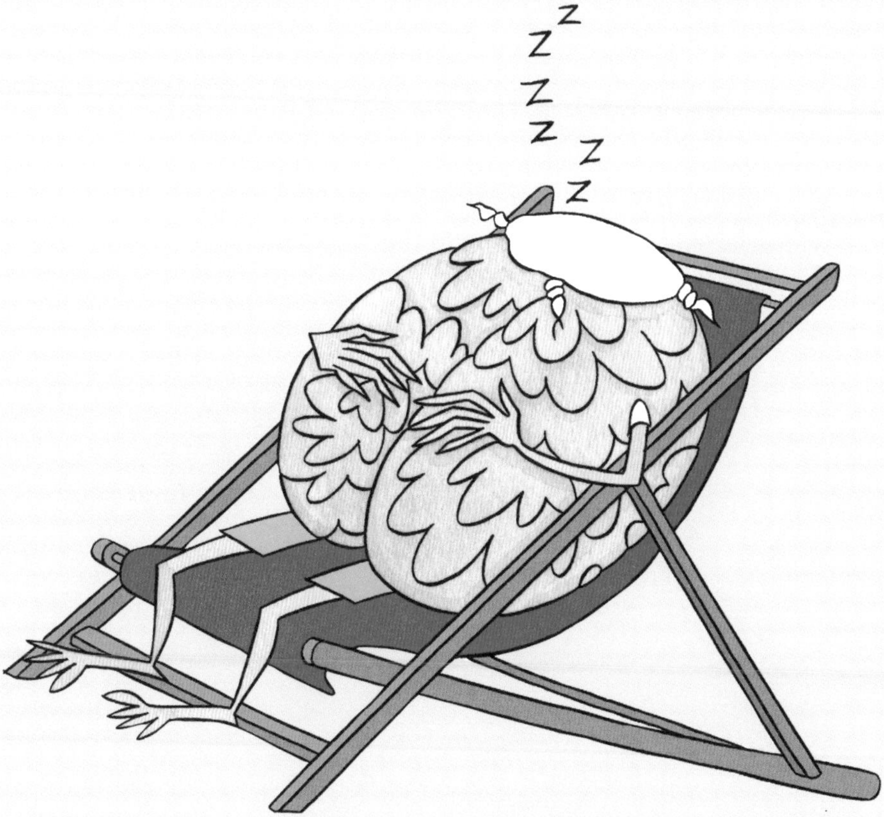

你在休息時會學習得更好，
是因為當你在做其他事情時，
你神奇的腦袋可正**忙**著呢！

這對你來說可能有點奇怪，但卻能為你解決許多問題。因為你在休息時會把腦袋裡的資訊歸檔，讓你在需要它時可以很快找到。很酷吧？一旦你的腦袋儲存了一批資訊後，就會準備好儲存下一批資訊了。
你的記憶力總是**渴望**記住更多東西，所以它需要一點時間，好騰出空間來儲存資訊，把這些資訊妥善地保存好。

神奇的大腦
休息的好處

你是否注意到，有很多很棒的主意，
都是在不刻意思考時冒出來的？

你是怎麼想到過生日的好點子？是浴缸裡！
你是怎麼想出數學答案的？當你從學校走回家的路上！
全世界所有的天才也都是如此。

當你讓腦袋休息時，正是它能發揮最佳功能的時候。
所以若是你陷在某個問題裡面的話，站起來去做點別的事吧。

休息一下，能讓你的記憶力更好

這裡我們所說的是哪一種休息？你在家的時候，可以充分掌握與計畫自己的時間，無論你是為了**好玩**而學習，寫回家功課，或是為了考試而複習功課。當你感覺腦袋有點**疲倦**時，可以小小休息個五到十分鐘。理想上，你應該可以休息到四十五分鐘。走到外面呼吸點新鮮的空氣，玩玩球（見第**38-9**頁），或是走到另一個房間——做些不會讓你想到現在正在做的事情的事。等你回來的時候，你的腦袋會覺得**神清氣爽**，想要再次開始學習。

你可以看看下面橫跨在「遺忘之河」上的兩條繩子。底下的那條繩子，代表你兩小時一直念書不休息的記憶程度——看看那條繩子的中間陷下去了有多深，以及你得花多少力氣才能拉住它！而且大部分的記憶都會掉到遺忘之河裡，被河裡的水虎魚給吃掉了。至於上面那兩個小孩子則輕鬆自在多了。他們在河裡搭建了許多柱子，讓繩子可以一直維持在橫跨河流上方的狀態。每根柱子都代表了一小段休息。所以他們的繩子可以凌駕在那條討厭的河流上，也不會被河水浸濕——他們可以記住**許許多多**的事！

成為一個耍寶專家（Juggling Genius）

你想要學怎麼耍寶，卻不知道該從何著手嗎？**太簡單了！**你只需要三個小小的、軟軟的、同樣大小與重量的球或豆子——以及一點點的**決心**。

步驟1：一個球

請你用一隻手握住**一個球**，把雙手放在**腰部前方的高度**，然後將手上的球以**拋物線**的方式向上拋到另外一隻手上。

透過這個動作，讓手上的球來來回回保持在拋擲狀態，直到你可以不經思考就做這個動作。

小撇步：請你把球改從眉毛的前方往上拋，而不是從腰部。請你面對一面牆持續做下去，直到你知道該如何把球直直往上拋的訣竅。

步驟2：兩個球

現在請你左右手**各拿一個球**。首先，請你把**1號球**（在你右手）以拋物線的弧度向上拋到你的**左手**，**最高點**應該是在眉毛的地方。當球到達最高點時，請你開始把**2號球**（在你左手）往上丟到你的**右邊**。然後你要用左手去接住**1號球**，並用右手去接住**2號球**，然後停住！

請你重複再做一次這個動作，不過這次不是從你的右手，而是從你的左手開始做起，直到你可以不慌不忙地把球順暢地在兩手之間拋來拋去。

步驟3：三個球

一開始的時候請你只用兩個球，用你最靈活的那隻手（也就是右手。不過如果你是左撇子的話，請你用左手）拿1號球及3號球，而左手則是拿2號球。然後開始將**1號球**（放在你右手前面的那個球）以拋物線往上拋向你的左邊。

當1號球到達最高點時，請你開始將**2號球**（在你的左手）以拋物線往上拋向你的右邊。就像步驟2一樣。

當2號球到達最高點時，請你把你**右**手上的**3號球**以拋物線的弧度往上拋向你的**左邊**，並且用**右手接住2號球**。

小撇步：如果你在丟3號球之前，讓它在手的正前方轉動一下，會簡單許多。

當3號球到達最高點時，將1號球（在你的左手）以拋物線往上丟到你的右手，然後再用左手接住3號球。如此重新再做一次，並持續進行下去。

耍寶的重要小撇步：

★ 永遠將球以拋物線的弧度向上丟。

★ 將兩隻手保持在腰部的高度。

★ 使用不同顏色的球，如此才能夠分辨不同的球。

★ 把球往上丟到約在眼睛的高度。

★ 千萬別想一次就成功——慢慢來，經常做，就會做得更好。

★ 不斷的練習、練習、再練習！

你覺得怎麼樣？

此外，你是否發現自己可以**從頭**記住課文的內容，而不是只從一半開始記？當你在上課的過程中，除非你把正在學習的東西串連在一起（聯想力！），或是老師告訴你的某些事真的很特別，否則你的心思反而會更容易飄來飄去。你的腦袋一直要到快下課時才又開始活躍起來，而且這時你也會比較容易記住事情。

右邊的水位圖顯示了這點。水位一開始的時候比較高，先掉下來一點，然後又升高起來。學習的最高點是圖上的那三個大波浪（也就是可以把事物串起來的地方），以及那個在衝浪的男孩（他真的很特別）。就像跨越河流的那兩條繩子一樣，如果你可以固定地休息一下，就不必一次同時要學習那麼多事了，而且在你的「心智空間」最不容易集中的時候，也不會有過多的資訊跑進來。

大洋跟海說了什麼？
（ps.英語的“say”有“說”，
也有“動作、反應”的意思）

它什麼也沒說，
只是不停地**晃動**（waved）！

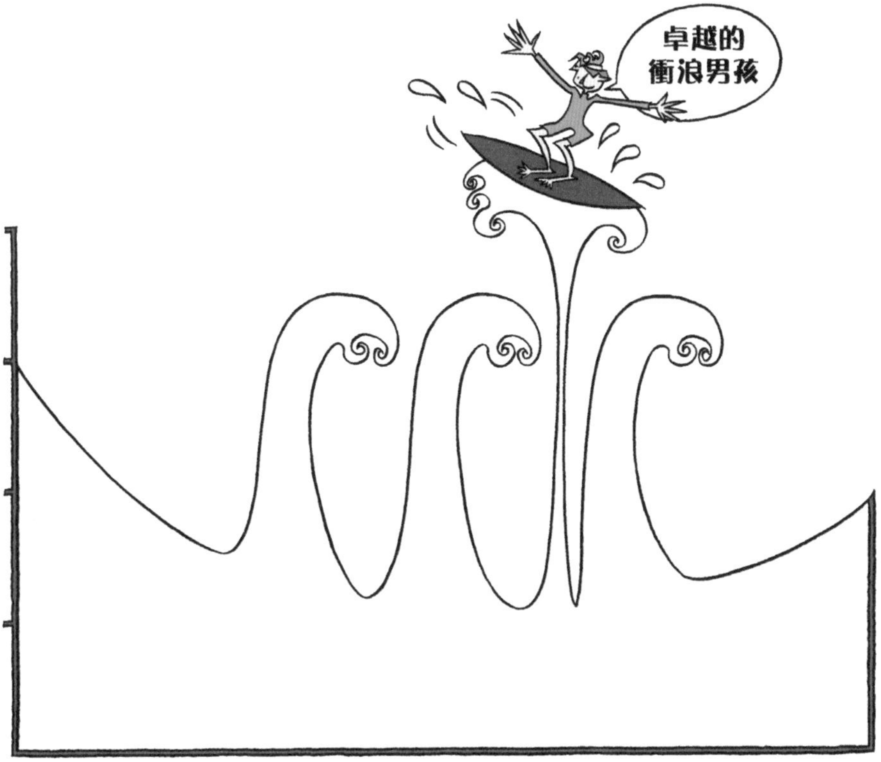

海浪水位圖

神奇的大腦

你知道在你的大腦裡有一兆個腦細胞嗎？
腦細胞非常小，100個腦細胞大概只有針頭那麼一丁點大。
如果你把這些腦細胞排成一排，
它的長度可以從地球排到月球再繞回地球。
月球距離地球大約有384,400公里（大約238,710英哩）！

你的注意力之駒

冷靜也是個集中**注意力**的好方法。你必須集中注意力，才能正確地學習事物。想像注意力就像是一匹**強而有力**的馬——一匹既高大又活潑、準備蓄勢待發的馬！而你**已經**準備好要騎牠了！有時當牠希望你能騎牠、而你也希望騎牠時，你可以不費吹灰之力便騎上牠；但其實有時你自己心裡也明白，你並不想照著別人的話去做——讓我們面對這個事實吧，當你在做白日夢的時候，你寧可想像自己是個電影明星，也不會想像該如何解決三角習題。

神奇的大腦

你知道在你的腦袋裡不同的區域，分別掌管不同的任務嗎？
在你腦袋裡掌管記憶的區域叫做大腦，它是腦袋裡最大的一部分，
而且像個巨大無比的浴帽一樣，覆蓋了腦袋裡其他的區域。
大腦是一個層層疊疊、充滿皺摺的組織，
它是由兩個不同的半球體或是兩邊：左半球與右半球所構成的。
所以當人們說大腦有兩邊，意思是說大腦可分為左腦與右腦。

為什麼**橘子汁**那麼聰明？

因為它是**濃縮**
（concentrate，也是
「專心」的意思）的！

你的注意力有如脫韁之馬似地四處狂奔，在各種事物上面跳來跳去。這樣當然是很有趣啦，但你還是必須了解該怎麼解決討厭的三角習題。你的注意力之駒是一匹**頂級**的賽馬。你所要做的只是要學會如何成功地駕御牠，然後便可以在**正確的時間**，在**正確的事物**上集中注意力。

拯救你的想像力

有時你上課時真的很難專心的原因，是因為當你需要休息時卻不能休息。試著利用下面的建議事項，幫助你維持你的**想像力**：

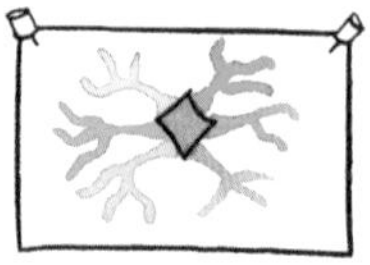

★畫一張你正在學習的事物的心智圖（見第30頁）。這能讓你發揮你的**想像力**與注意力，讓你不再分心。此外，這也會讓你覺得課文比較好記。如果你願意的話，請你帶一份空白的心智圖到學校，好讓你在課堂上可以把它填上。

★試著找出使用第四章裡各種記憶工具的方法。舉例來說，若你被要求得記住很多日期的話，請你利用「數字-形狀」法與「數字-押韻」法（見第72頁與第76頁）來**激發**你的想像力；如果你正在讀一段很無聊的文字的話，請你開始錄下「記憶電影」（見第54頁）來增添這段文字的趣味。

★找機會問問題或是回答問題。如果你能更融入課文的話，你的**想像力**就**會在你身邊**發揮功用，而且也會更容易讀完課文。

★如果你真的對某個科目一點都不感興趣的話，請你運用想像力，把這個科目與真正能捉住你注意力的事情串連在一起。舉例來說，你是不是對英文完全沒興趣呢？但你不是很喜歡跟朋友聊天嗎——檢查一下你的電話帳單（或者是你爸媽的電話帳單？）！對啦，對你的「麻吉」來說，英文與聊天真的是很接近、而且有**關聯**的兩件事！天才劇作家莎士比亞都是從與人聊天，或是聆聽別人談話的過程中找到靈感，所以才能寫出那些故事與戲劇腳本。所以囉，如果你想跟你的麻吉繼續交朋友的話，只要對英文感到興趣就行了喔！

什麼東西只需要你回答，
卻不需要問問題？

你的電話！

救命啊！我考試時腦袋一片空白！

如果你的腦袋曾經一片空白，通常是因為你正處於眾所矚目，或是備受壓力的情況之下，還必須記住一些事。當老師對著全班同學面前問你問題，而你卻什麼也想不起來的時候，真的是糟透了。但若是這種情況發生在考試的時候，對你來說簡直就是一場惡夢。你一定要**放輕鬆**。在你非常緊張的時候，你的**想像力**可以讓你不再那麼害怕──只要你能放鬆個幾秒鐘，這種感覺就會**永遠**跟著你。譬如說你才剛翻開科學的考試卷，必須回答一個有關重力的問題；你一直死盯著考卷看，但腦袋裡卻想不起任何東西。這裡教你一些方法：

★請你閉上眼睛，把手放在肚子上，**慢慢地**、深深地吸氣後再吐氣，感覺自己的肚子一縮一脹。

★幾秒鐘以後，再讓腦海裡的思緒回到考卷上，而且一心只想著考題：重力。當然啦，你**知道**重力是讓你把腳保持在地面上的那個東西。

★當你從這裡起了個頭以後，請你很快畫一份心智圖的草稿，讓想像力發揮在正確的方向。你知道不同的行星有不同的重力，像是月球，因為你看過許多太空人在月球表面跳來跳去的剪報。請你把這點也放進心智圖裡面。

★請你繼續用心智圖自問自答。你會發現所有的資訊都會重新回到腦海裡，而且若是你在修改心智圖的過程中加入有關重力的部分，你會發現你將開始記起修改過的心智圖上所有不同的分支。

小撇步：如果你這麼做了一、兩分鐘之後，仍沒有什麼效果的話，請你先行回答考卷上你**會回答**的其他問題。這時你的記憶力仍會努力回想那個很難的答案，等到你再回過頭回答這個問題時，答案自然就會從腦子裡冒出來了。

把一件事重複想五次

你明明真的**很懂**、**很了解**的事情，有時卻會從腦子飛出去，好像你從來都不知道似的，是不是讓你很洩氣？別急！你之所以會忘記這些事，是因為你沒有對它們進行加強記憶的工作。

當你第一次學習某件事時，這件事在你的腦海裡只會有**短期**的記憶。這表示你只能記住這件事幾分鐘、幾天、（如果你使用記憶工具的話，或許可以延長到幾星期）。如果你想永遠記住這件事的話，需要把這件事**轉化**為長期記憶，像是定期從頭到尾再回憶一次所學的事。若是你使用書裡的記憶工具，持續重複回憶一次這個資訊的話，你只要把它從頭到尾看個**五次**，就可**永遠**記住它了。想想看，如此一來當你快要考試的時候，將省下多少時間、精力和擔心的心情。那麼，你該如何進行這件事呢？

“把一件事重複想五次，就等於是長期記憶”

第一次：就在你第一次學到這件事的時候

第二次：你第一次學到這件事之後的第二天

第三次：你第一次學到這件事之後的一星期

第四次：你第一次學到這件事之後的一個月

第五次：你第一次學到這件事之後的三到六個月

在你重複想過了五次之後，你會發現你的**創意**已經接手這件事了。你的**想像力**力會伴隨著已經學過及記住的事物一起出現，而且你將發現你所知道的事情**越來越多**了。這是因為你已經在你驚人的記憶力中，建立了愈來愈多的聯結。**白日夢**在這種時候真的很有用。讓你的心思隨著某個意念或某些資訊盡情地奔馳，這些意念與思緒在你腦海中會愈來愈生動喔！

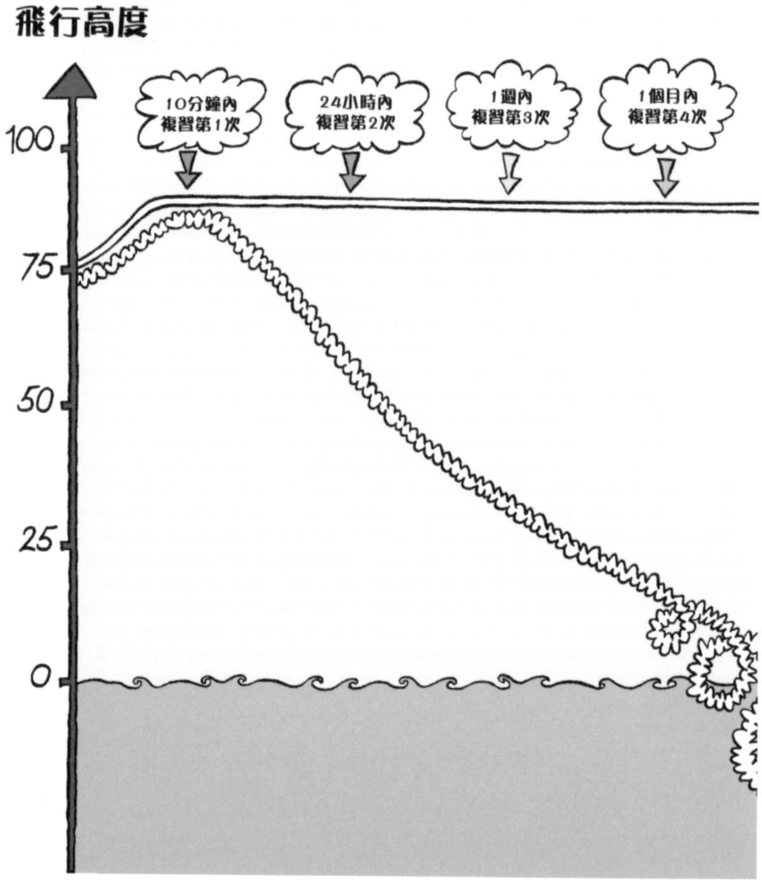

請你看看下面圖上的飛機，它顯示了當你固定從頭到尾想過某件事情後，會產生什麼樣的變化。紅色的那艘飛機是顯示，如果你沒在腦子裡重溫這件事的話，會發生什麼事——它會直直往下掉，因為你會開始喪失信心，同時把腦子裡所有的訊息給弄混了。至於白色的那艘飛機始則終保持在一定的高度，而且還可以**往上飛**，這是因為你已經完全記住了這件事，而且還把它與曾經學過的其他事聯結在一起。你會發現你能記住的事情**愈來愈多**喔！

練習重複記憶

若是你已經重複回想某件事，或是需要再次重複回想某件事時，需要一點點整理的功夫，才能讓這個做法更能發揮功效。最好的方法就是買一份很大的彩色月曆，習慣性地在上面寫下你每天學到了什麼。

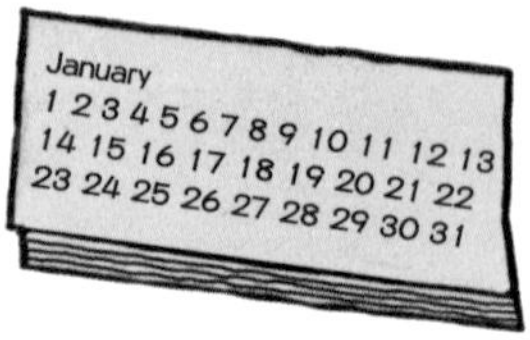

請你花二十分鐘回想一下，那天在學校裡學了些什麼，然後回頭看看月曆上那週、那個月、或六個月以前你到底學了些什麼，是你需要重新回想的。把所有你不了解的事記下來，然後向你的同學、父母或老師請教。如果你這麼做的話，**就永遠**都不必擔心自己要臨時抱佛腳，因為你將記住老師教過你的**每件事**。

東尼的記憶問答題

1.通常我們會如何用 FLOUR、TERN 、跟THIRSTY這幾個字？

2.什麼東西只要我們使用的越多，反而會離它越遠？

3.有三個人在釣魚。一不小心船竟然翻了，三個人便掉進了水裡。
可是只有兩個人的頭髮是濕的，另一個人的頭髮是乾的。為什麼？

4.請你從我頭上拔一根頭髮出來，然後捏捏我的頭，我的頭本來紅色的，
可是後來會變成黑色的。請你猜猜，我是誰？

答案：

1.只要更動這幾個字裡的其中一個字母，就會變成一個數字。

2.腳印

3.因為第三個人是禿頭

4.火柴

Chapter 4

牢記事物的小訣竅

Memory Tips to Make it Stick

現在是該告訴你一些很棒的記憶工具的時候了。
就像心智圖一樣，
這些工具也擁有兩個明星選手：
想像力與**聯想力**。
你可以單獨運用它們，
或是與心智圖一起使用。
這些記憶工具能讓你在記住事情時充滿了樂趣。
所以，讓你的思緒更奔放、更大膽一點，
讓你在記憶的過程中洋溢著笑聲，
讓你整個人更與眾不同吧！
你越常與自己的記憶力玩耍，
你想記住任何事情就會越容易喔！

電影記憶法

「電影記憶法」是**最容易上手**的一種記憶工具。你所要做的，只是記住心裡的電影內容，盡可能想像它是**彩色的**，很**刺激**，而且很**誇張**。如果你真正運用**想像力**的話，將可以記住心裡頭那部電影裡的**所有角色與情節**。充份想像你自己是一部耗資千萬的世界級電影的導演，像是《哈利波特》、《星際大戰》、《史瑞克》……你可以為它取任何一個你喜歡的片名！你必須重複播放這部電影好幾次，確保電影裡包括了你所需要的資訊，同時還能「存放」在心裡很適當的位置──還記得上一章我們討論過的重複記憶的小撇步嗎？然後，當你需要回憶這些資訊時，只要在你心裡的螢幕上，按下「播放」的按鍵就可以了。

電影記憶法可以讓你隨時記住事物：

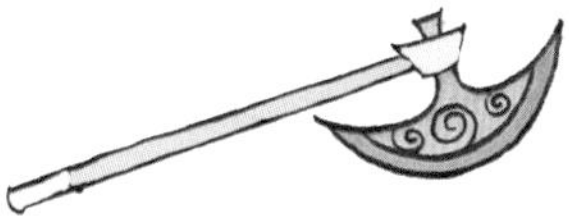

★你們足球隊打贏的那場球賽得到幾分
★那場混戰到底發生了什麼事？是誰開打的？
★跟著你最喜歡的音樂跳舞
★如何做你最喜歡的巧克力蛋糕
★科學實驗你要做什麼
★你的心智圖（簡單地重複想想每個分支的內容，並把腦裡的資訊演練一下）

神奇的大腦

你相信有這種事嗎？

在你的腦裡有一整個宇宙？這怎麼可能？
科學家已證實了，你腦子裡能夠裝進的思想數量，
比整個宇宙已知的原子數還要多得多！
所以當人們說大腦有兩邊，意思是說大腦可分為左腦與右腦。

美人魚都在哪裡看電影？

在露天潛水電影院。
（ps.作者這裡用dive-in，
是取drive-in露天電影
院的諧音。）

東尼的記憶問答題

1.傑克和吉兒被人發現他們兩個氣喘噓噓地躺在水窪裡，附近還留下了一些碎玻璃。這是為什麼呢？

2.我只有一種顏色，但不是只有一個大小；我被困在最下面，但卻很容易就飛起來。我總是在陽光底下出現，但卻不會出現在雨中；我從來都不會害人，也不會感到痛苦。猜猜看，我是誰？

3.從前從前有一個很聰明的小偷，因為被指控犯了背棄國王的叛國罪被處以死刑。但國王為了表示他的寬大為懷，決定讓這名小偷可以選擇自己該怎麼死。小偷會如何選擇自己的死法呢？

4.你在什麼地方明明站的很直，但看起來卻是歪歪的？

答案：

1.因為傑克和吉兒是兩條金魚，而他們的魚缸被人打翻了。

2.影子。

3.老死。

4.赤道。因為當你站在赤道的時候，是以地面為基準站的很直，但是就地軸的基準來說，你卻是站的歪歪的。

燈光、攝影機準備好了嗎？要拍囉！

請你想想天上的九大行星。你能夠以正確的排列順序，一一指出它們的名字嗎？你知道其中哪顆星星**最大**或**比較小**以及**最小**嗎？（小撇步：它們之中有四個比較小，四個比較大，還有一個最小。）透過電影記憶法，你可以記住哪些行星是比較大的，哪些是比較小的；同時還可以**永遠**都記住它們的排列順序。

以下是九大行星從太陽以降的正確排列順序：

1.水星
2.金星
3.地球
4.火星
5.木星
6.土星
7.天王星
8.海王
9.冥王星

如果你只是透過這份表就想記住它們的話，一定會累得滿頭大汗。你應該透過電影記憶法來啟動你的**想像力**。

如果一隻鸚鵡跟
一隻蜈蚣交配的話，
會生下什麼後代？

無線電對講機
（walkie-talkie，
因為蜈蚣有很多腳會走，
而鸚鵡很愛說話）！

開開開……開始拍！

請你想像一下太陽（Sun）。那是一個美麗的、閃閃發光的、橙紅色的火球。請你感覺一下它的熱度，嗅一嗅這個熱度的氣味。然後想像在太陽旁邊有一個小小的溫度計，裡面裝著亮晶晶的液態金屬，可以測量溫度，它叫做——水星（MERCURY，同時也是水銀的意思）！

你看著水星像太陽一樣升到最高點，變得越來越熱越來越熱，直到它**爆炸**開來，而水星裡一顆顆很小的水銀（很小的原因是水星是一顆小行星）掉到地面上來。

然後，請你想像一個很嬌小——沒錯，它又是顆小行星——但很漂亮的女神，在陽光的照耀下閃閃發光。請你也想像一下她的穿著；你彷彿可以聞到她身上香水的味道。她是金星（VENUS，同時也是代表愛的女神維納斯的意思），代表愛的行星。你看著她拾起一個小小的、銀色的水銀球，然後以非常大的力氣將它拋到天空裡，直到它重重地掉落到花園的地上，還發出「砰」的一聲巨響。那麼這個行星是什麼呢？就是地球（EARTH）！

此外，水銀球還把一堆土帶到你家隔壁的花園裡。這讓你的鄰居真的很火大。他匆匆忙忙做了一個很小的——對啦，他是

一顆小行星——有著一張紅臉及非常生氣的人，手上還拿了根巧克力棒。他就是火星（MARS，也是希臘戰神馬斯的意思），代表戰爭的紅色行星。

突然之間，街上竟出現了一個有200公尺高的巨人，頭髮剃成英文字母「J」的形狀，而且還蓋到了他眼睛上面。他是眾神之王，也是最大的一顆行星，那就是木星（JUPITER）。木星要火星跟他一起回家，不要再生氣了。你抬頭看看木星，看到他胸前衣服上的幾個大字「太陽」（SUN）。這幾個字分別代表了它旁邊的幾顆大行星（雖說他們並不像木星那麼大）：“S”代表土星（SATURN），“U”代表天王星（URANUS），“N” 代表海王星（NEPTUNE）。然後你會看到在木星的頭上，坐著小小的——因為他真的非常小的行星——隻狗，牠是一隻大麥町，名字叫做冥王星（PLUTO）！

好了，拍完啦！CUT!

現在，請你倒帶把電影從頭放一次。用你所有的感官重新再看一次，並重新審視一次。你透過**視覺**所記下來的故事，能一下子就讓將九大行星的名稱，以及正確的排列順序，進入你的腦海裡。

你是否已經全部記住了呢？都記住了嗎？真是**太酷了**！你還沒有完全記住嗎？你只要在心裡**加強**對那些影像的印象就可以了。

讓我們回到電影裡，記錄下你不是很確定的部分——充分發揮你的**想像力**，加強那些影像在你心裡螢幕上的印象。運用**所有**的感官，然後有如魔術師般地發出「變」的一聲——嘿！你發現你已經記住了。舉例來說，如果你不是很確定金星的位置的話，請你重頭再想像一次一個美麗的女神。她可能有著一頭金髮隨風飄逸。想像一下她身上穿的是什麼樣子。她可能穿著一件飄飄的白色長袍，長袍上還沾著溫度計**爆炸**時留下的水銀痕跡。

神奇的大腦

若是你在考試時忘了什麼的話，千萬要保持鎮定。
請你簡單地把思緒回到當你在學那件事時的狀態。
當時你是不是坐在學校的書桌前？還是坐在臥室裡溫習功課？
那時你在看哪一本書？在看第幾頁？
你的思緒很喜歡透過位置來記憶，如此很可能會喚起你的記憶，
同時也讓你記住那件事。
（想知道更多有關如何在壓力下記住事情的小撇步，請看第46頁）

迷你記憶工具

首字母縮略字——想想看，我們的文字還真是充滿了各種技巧呢！——是另一個非常簡便的記憶方法。你只要記住把想要學習事物的名稱每一個字的第一個字母，把他拼成其他的字就可以了。**很簡單**吧？

舉例來說，你想記住北美五大湖的名稱：胡倫（Huron）、安大略（Ontario）、密西根（Michigan）、艾利（Erie）與蘇必略（Superior）。你可以把這幾個字的第一個字母拼成“homes”這個字。若是你想把這幾個湖與“homes”這個字聯結起來，只要想像一部迷你記憶電影的畫面是幾棟漂浮在大湖的房子。當你想記住那些湖泊的名字時，只要記住那幾棟漂浮在湖面上的房子，以及每一座湖泊的字母開頭是根據“homes”的順序而來的。很簡單吧！

六位女士，一位先生

現在請你自行製作一部電影，記住亨利八世註 六個太太的順序與名字，以及她們分別發生了什麼事：

亞拉崗的凱瑟琳——離婚
安．寶琳——被砍頭
珍．西摩爾——死亡
克里夫斯的安——離婚
凱瑟琳．豪爾——被砍頭
凱瑟琳．帕爾——存活

你可以用任何你喜歡的方法來製作這部電影。在你開始製作電影之前，請你先閱讀下面的建議事項。請記住，在你的「記憶電影」裡沒有什麼所謂「正確」的腳本——只是要能捕捉住你的想像力，你便可以記住所有的情節。

幫助你記錄「記憶電影」的幾個想法

如果你對亨利八世這幾位妻子有一些了解，像是亞拉崗的凱瑟琳是西班牙人，你可以利用這個資訊來記錄你的電影。在這個例子中，你可以想像亞拉崗的凱瑟琳哀傷地乘著莊嚴的西班牙大帆船，沿著泰晤士河而下緩緩離去，而站在河岸的安．寶琳則是一臉嚴肅地把頭高高地抬起，看著站在前方的所有群眾。如果你對這幾位妻子所知不多的話，可以把她們的名字拿來耍弄一番。舉例來說，因為珍．西摩爾死掉了，所以「真（珍）的死（西）了沒有（摩爾）了」。

那麼克里夫斯的安呢？你對她有什麼樣的了解呢？嗯，她因為長得很醜而很有名，亨利八世跟她離婚時，給了她一大筆錢當贍養費。你不妨可想像一下一位穿著非常昂貴衣服的醜女人，舒舒服服地坐在一大堆的金幣上面。

那另外兩位凱瑟琳，就是凱瑟琳．豪爾跟凱瑟琳．派爾呢？你除了知道她們之中有一個被砍了頭，有一個死掉之外，對她們的了解並不多。對於凱瑟琳．豪爾，你可以耍弄一下她的姓「豪爾」，想像亨利八世覺得砍掉她的頭，還真是「好耶」！至於凱瑟琳．帕爾的話，你可以記住她的姓，因為她在亨利八世死掉以後還可以參加「派對」——想想看她在派對上開心跳舞的模樣！

註：亨利八世（1491~1547）是英國都鐸王朝的第二位國王。他18歲即位並娶了寡嫂西班牙公主凱瑟琳。後來他與女侍官產生婚外情，便向教皇訴請離婚，但當時教廷不想得罪有強大勢力的西班牙，遲遲不批准他離婚，於是他下令停止向教廷交納教稅，最後直至沒收教會財產，迫使教皇開除他的教籍。在當時受宗教改革思潮影響者的鼓吹下，他宣佈英國教會脫離羅馬教廷，自任英國教會最高權威。從此英國教會成為聖公會。亨利八世的第二個妻子安．寶琳為他生了一個女兒伊麗莎白（也就是伊麗莎白一世），但後來他將安．寶琳以通姦罪處死。第三位妻子珍．西摩爾為他生了兒子愛德華（後來的愛德華六世）後因病去世。他的第四位妻子是來是來德國公主，克里夫斯的安，但因為亨利八世嫌安長得太醜，最後協議離婚。他的第五任妻子是凱瑟琳．豪爾，但後來也因犯通姦罪，腦袋瓜也被他砍掉了。至於他的第六任，也是最後一位妻子凱瑟琳．帕爾，則是位聰明又文雅的姑娘，也是亨利八世歷任妻子中比較幸運，得以壽終正寢的一位。

神奇的大腦
世界冠軍！

2004年世界記憶錦標賽中，
來自德國12歲的蘿拉．希克（Lara Hick）在兩分24秒之內，
記住了52堆全部洗過的撲克牌的順序。她刷新了全世界兒童記憶力的紀錄！
（想知道更多有關如何在壓力下記住事情的小撇步，請看第46頁）

迷你記憶工具

押韻、耍弄文字、以及歌曲等，都是很好的迷你記憶工具，能夠幫助你記住一些好像很枯燥、像是一串文字清單或是文法之類的東西。此外，你也有足夠的理由能與記憶力玩的**很開心**—因為當你在學習事物時越開心，你就會越容易記住它。

★**押韻**。透過押韻可以幫你讓某些事在記憶裡更根深柢固，像是很有名的「1666年倫敦那場大火就像在燒腐爛的木頭？」，或是「1942年哥倫布航行在藍色的大海上」。

★**耍弄文字**。如果你必須用外文記住一個很陌生的名字或字，試著找找看這個字有沒有可以**耍弄**的地方。例如你發現法文的“sur”意思是「在……的上面」，但“sous”則表示是「在……的下面」，實在是很難記。你可以透過”sur’是“surface”（表面）的“sur”，而“sous”則是“somewhere under the surface”（在表面以下的某處）來記。

★**歌曲**。你是不是覺得很奇怪，為什麼利用你最喜歡的歌來記單字很容易，但若是想記住日期、名字或很麻煩的事卻很難？一首好的歌曲包含了節奏、吸引人的旋律，你在聆聽時覺得很**享受**，也會很想跟著唱起來。記住，當你在把想記住的事物加入旋律時，千萬不要選你不喜歡的歌，或是你太熟悉的歌。舉例來說，如果你想記住羅馬數字的話，可以利用下面這首你小時候用來學習字母ABC時的傳統韻腳，再搭配上你喜歡的旋律。

"X" 代表10個玩伴，

"V" 代表5個肥肥壯壯的男人，

"I" 代表我還活著，

"C" 代表100，

"D" 代表5*

"M" 代表1000個士兵

"L" 代表…我告訴你，是50！

* "D" 其實是代表500

2.東尼的記憶宮殿

你是否曾經有過這種經驗，就是當你這在做一件事情做到一半卻突然分了神，完全忘了自己最初是想做什麼？一直要等到回到一開始做這件事的地方，才會又回想起來。為什麼會這樣呢？這是因為你的腦袋擅於記憶現在正發生的事，也就是事情發生的**地點**。

你可以運用「記憶宮殿」，將思緒與地點聯結在一起。我是從古代羅馬人那兒想到這個方法的一他們是很偉大的發明家，也發明了這種記憶法，叫做「羅馬系統」。不過我比較喜歡叫它「羅馬宮殿」，就好像在你心裡有個很豪華的宮殿，可以放很多東西。使用「記憶宮殿」的訣竅，在於你可以把宮殿裡**所有的**東西都保持放在**同一個**地方。這表示你可以**記住你已經放在**宮殿裡、任何你想記住的事。這有點像我們在第16頁談過的衣櫃。你把某個資訊與某件已知的事「掛」在一起。「記憶宮殿」可以發揮很好的功用，因為它利用了聯想力來聯結資訊。

為什麼食蟻獸
（anteaters）
不會生病？

因為它全身都是抗體
（ant(i)bodies，
螞蟻的身體）！

東尼的記憶問答題

1.太陽系九大行星的順序是什麼？請你在心裡重播一次你的記憶電影！

2.有一個人被問到他幾個女兒長得什麼樣子。他回答說：「她們之中除了兩個人以外，其他全都是金髮；另外，除了兩個人以外，其他全都是褐髮；而且除了兩個人以外，其他都是紅髮。」到底他有幾個女兒啊？

3.你看不到他的身體，感覺不到他的存在，聽不到他的聲音，更聞不到他的氣味。他總是躲在星星的後面與山丘的下方，全身上下都是空洞。他到底是誰呢？

4.六個玻璃杯排成一排。前三個杯子裡裝滿了果汁，後三個杯子是空的。如果只能移動一只玻璃杯杯的話，你能讓三個裝果汁的杯子與三個空杯子交錯排列嗎？

答案：

1.水星、金星、地球、火星、木星、土星、天王星、海王星、冥王星。

2.三個。一個金髮、一個褐髮、一個紅髮。

3.黑暗。

4.把第二個玻璃杯裡的果汁，倒進第五個空玻璃杯裡。

記憶宮殿

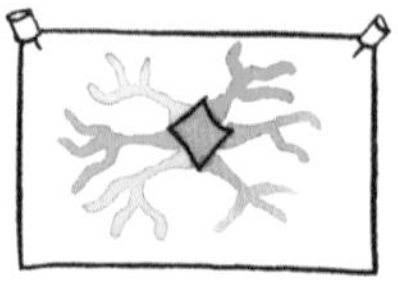

首先，你必須運用你的**想像力**，讓記憶宮殿能夠發揮功用。請你花點時間做這件事，並畫一份心智圖來幫助你，如此一來，你就會知道每個房間裡有些什麼東西，也可以看到它們擺放的順序是什麼。

現在，當你走進記憶宮殿時，第一個看到的是什麼？是一道又寬敞又光亮的白色**大理石階梯**，一直向上延伸到樓上。請你把這道階梯加進你的心智圖裡面。然後呢？你四下觀看還看到了什麼？一個吊在天花板上閃閃發光的**水晶吊燈**，它不停地閃爍著像是在移動。好，請你把它也加進心智圖裡面去。那麼你站在什麼地方？一條綴有黃色長條流蘇的天藍色地毯？你動動站在地毯上的腳趾頭，感受一下那條地毯有多軟。在宮殿的大廳裡還有什麼？角落裡不是有個巨大的**古董老爺鐘**正在滴答作響嗎？等你知道大廳裡主要有哪些東西後，請你走進下一個房間。這裡是哪裡啊？會客室嗎？你打量一下四周，第一個看到的是什麼？是一個漂亮的**金魚缸**，而且裡面有很多火紅色的金魚在游來游去。

請你充分運用你的**想像力**與感官，直到心裡有非常**清楚的圖像**。

請你記住，你必須要使用心智圖好幾次之後，才能將這些事物設定在你的記憶裡。心智圖可以在記憶宮殿為你**記錄下**所有的事物，讓你把東西放在裡面。如果你喜歡的話，也可以用你家的房子作為你的記憶宮殿。

啟動記憶宮殿

想像你必須記住清單上的以下幾件事：

- ★ 出去溜狗。
- ★ 電動遊樂器。
- ★ 足球。
- ★ 你的照相機。
- ★ 你的午餐盒。
- ★ 你的手機。
- ★ 你的地理作業。
- ★ 清理你的魚缸。
- ★ 你最新買的CD。
- ★ 幫媽媽澆花。

好，現在你是否已經對你心裡的記憶宮殿有了更清楚的認識呢？太棒了！請記住，讓你的**想像力**盡情地馳騁！OK，首先你要記住的是**溜狗**。想像你的狗在白色大理石階梯上來來回回、跑上跑下的，你可以聽到牠興奮地嗚嗚叫，拼命地搖著尾巴，以及拖著嘴裡的狗鍊跑來跑去時，腳上爪子在階梯上發出很大的聲音。

然後你在房子裡看到了什麼？**水晶吊燈**？那你是得記住什麼事呢？耶，對了，是電動遊樂器。那麼，你該怎麼樣把水晶吊燈跟**電動遊樂器**扯上關係呢？你可以想像電動遊樂器變成一個真人，然後像隻貓似地跳到水晶吊燈上面，發出好大聲叮叮咚咚的聲響。你可以看到水晶吊燈跟電動遊樂器的天線來來回回晃個不停。

下一個你要記住的事是**足球**。它長得什麼樣子？我們可以說它是個白閃閃、有著平滑皮革的球。請你想像嗅嗅它的皮味！你把它丟在天藍色的**地毯**上幾次，然後用地毯把足球包住捲起來，像是個超級大的甜軟捲餅。

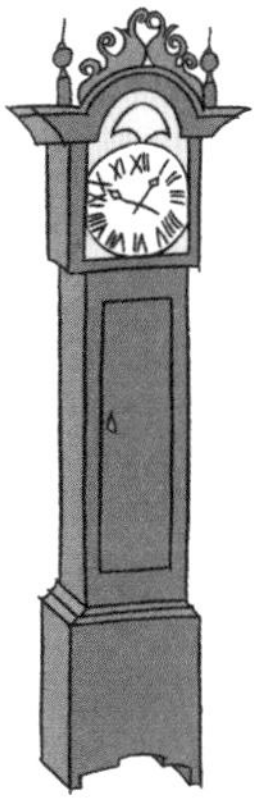

現在我們要做什麼咧？在你的宮殿裡還有什麼？那個**老爺鐘**？而你現在必須記住的是**照相機**。請你打開那個老爺鐘，把照相機掛在鐘擺上面。你看著鐘擺左右擺動，聽著時鐘發出的滴答聲，以及照相機隨著鐘擺打到鐘箱壁時發出的聲音。

蓄勢待發

現在是你自己試試看的時候了！請你繼續進行剩下六樣必須記住的事物，運用**想像力**把它們與宮殿裡的其它東西聯想在一起。**盡可能**在這些東西之間創造出關聯性。

3.利用數字與形狀快速記憶

另外兩個記憶工具，則是利用「數字-形狀」與「數字-押韻」。運用這兩個記憶工具的方法，是你利用數字當作記憶的**依據**——有點像是把你想記住的事物與記憶宮殿裡的東西連結起來。正如同記憶宮殿一樣，當你希望能記住某個資訊時，只需要把想記住的事情與數字**聯想**在一起，就可以把它們**全部**都記住了，而且簡單的很！

讓我們從數字與形狀開始吧。就像其它記憶工具一樣，這個方法很有用的原因，是因為它運用了**想像力**與**聯想力**——記憶力的兩個明星選手。

記住形狀很有用

請你看一下旁邊那頁的數字及它們的圖案。你是否可以看出每個圖案的形狀都像個真正的數字？請你花點時間研究一下，並學著認出這些圖案代表哪些數字。然後請你為每個數字畫張有主要分支的心智圖，在主要分支上寫下它們代表哪個數字，然後在次分支上畫上圖案。持續不斷地運用你的心智圖，把每個數字與它的圖案聯想在一起。

接下來要練習的是數字及它們的形狀。你的電話號碼是幾號？既用「數字-形狀」法把它們寫下來。你生日是哪一天？也請你用數字-形狀法把它們寫下來。當你熟悉了這種方法之後，可以利用它來記憶任何事情，特別是：

★清單上的順序。
★每個人的生日、你哪天做了什麼事、歷史大事發生在哪一天。
★電話號碼——特別是萬一你弄丟了你的行動電話！
★事情發生的時間，例如電視台幾點有好電影、比賽是幾點開打、以及課程是幾點開始。

0
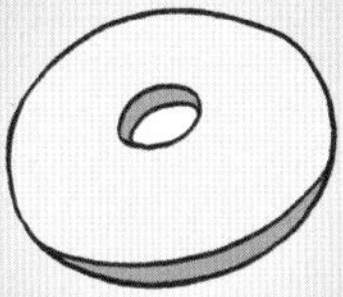
甜甜圈

1

畫筆

10
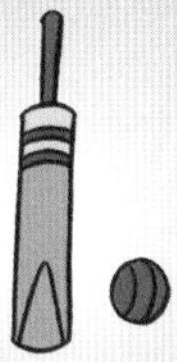
球棒與球

2

天鵝

3
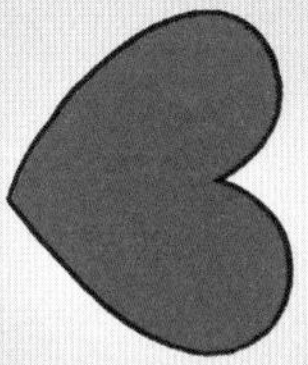
愛心

4

帆船

5

勾子

6
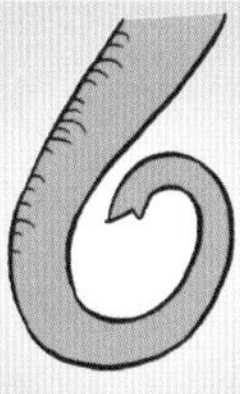
大象鼻子

7
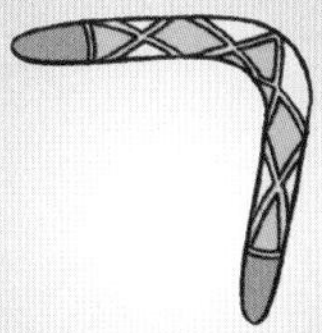
迴力棒

8

雪人

9
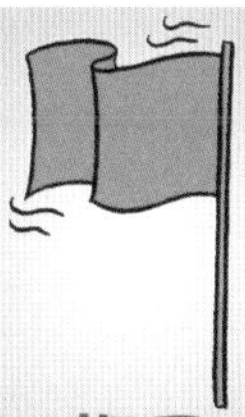
旗子

現在是你跟數字**玩耍**的時間了。若是你得記住以下清單的順序：

0 餵魚。

1 滑板。

2 比薩。

3 棒球帽。

4 鑰匙。

5 CD。

6 背包。

7 足球鞋。

8 回家功課。

9 給祖父的禮物。

10 洗澡。

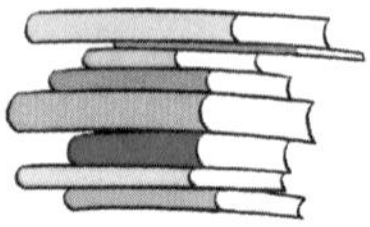

你只需要讓你的想像力有如賽車一樣**加速前進**，並且想像一個畫面，讓這些清單上的東西聯結在一起。你將會很**驚訝**地發現，把這些事情的順序**全部**記下來有多麼容易！那麼，你該如何把清單上的東西跟數字圖案聯結在一起呢？

0.餵魚。你可以想像把好幾百個甜甜圈丟進一個超級大魚缸裡面，然後魚群們一擁而上，狼吞虎嚥地把甜甜圈吃掉。

1.滑板。你不妨想像你的朋友丹站在滑板上，一面揮舞著一面小旗子，一面在地上灑滿了五顏六色的油漆，從小丘上滑下來。

2.比薩。 想像一大群美麗的白色天鵝浮在河面上，爭著吃一片很大的比薩。

3.棒球帽。你可以想像一頂亮紅色的棒球帽，帽舌上還印著許多心形圖案。

4.鑰匙。想像你正站在一艘漂亮、閃閃發光的嶄新遊艇上。你把船錨抛到海裡，但它其實並不是船錨，而是一把很大的金鑰匙。

5.CD。想像你把一片閃亮的CD向空中高高拋起，等它落下來掉到一個光滑的金屬吊勾上面時發出刺耳的聲音。

6.背包。你可以想想一隻大象背上揹著你的背包，緩緩地在附近大街上閒晃一而且牠一面在街上晃來晃去，還一面很神氣地大吼著。

7.足球鞋。你可以想像自己丟出一隻七彩的**迴力棒**，但等它飛回來的時候，它的兩邊竟各吊著一雙沾滿泥巴、濕答答的足球鞋！

8.回家功課。想像自己在後院堆了一個很大的**雪人**，他的眼睛是用木炭做的，鼻子是胡蘿蔔做的。你要他替你做回家功課。

9.給爺爺的禮物。你不妨想像爺爺把一隻旗子插在一個又大又吸引人的禮物上面，而且旗子還不停地隨風飄揚著。

10.洗澡。想像你用球棒把球打進一缸子熱熱的泡泡浴裡面。當那個球掉進水裡時發出很大的聲音，濺得你一身都是暖暖的、有著香甜氣味的肥皂泡。

同樣的，在你能永遠記住這些事之前，必須要重複練習個好幾次。

4.利用數字與韻腳來記憶，真是簡單極了

利用數字記憶工具，跟你使用數字及形狀記憶的方法很類似，但是這種方法並不需要把**數字**跟它的**形狀**聯想在一起，而是把數字跟它的**韻腳**聯想在一起。你可以用這個方法學習同樣類型的事物。請以看看下方的這幾個數字，自己大聲且押韻地說出這幾個數字。

0

英雄 Hero（'hɪro）

4

門 Door（dor）

8

溜冰鞋 Skate（sket）

1

圓形麵包 Bun（bʌn）

5

蜂巢 Hive（haɪv）

9

葡萄 Vine（vaɪn）

2

鞋子 Shoe（Su）

6
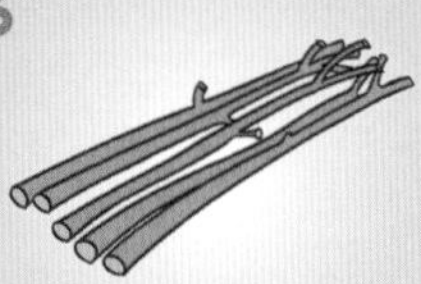
木棍 Sticks（stɪks）

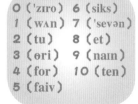

10

母雞 Hen（hɛn）

3

樹 Tree（tri）

7

天堂 Heaven（'hɛvən）

0（'zɪro）
1（wʌn）
2（tu）
3（θri）
4（for）
5（faiv）
6（siks）
7（'sevən）
8（et）
9（naɪn）
10（ten）

正如你在使用「數字-形狀」時的方法一樣，請你重複練習幾次，並且畫一個簡單的**心智圖**幫你記住它們。然後請你把書蓋起來，想想看哪個數字的韻腳是**4**？是door（門）！而哪個數字的韻腳是**8**？對了，是skate（溜冰鞋）！

現在請你利用念出數字的韻腳，來練習記住你所知道的數字（像是你的電話號碼）。舉例來說，Hero,Shoe,Hero,Skate,Hero,Skate,Sticks,Skate,Sticks,Door,Hive,Shoe,Tree，就是020 8686 4523。

什麼東西落下來

卻不會破掉？

夜晚。

神奇的大腦
關於魚的一些事實

你有沒有聽過金魚記憶力很壞的笑話？
事實上，人類可是低估了我們這些全身長滿鱗片的朋友。
英國普利茅斯大學大學的科學家發現，
金魚的記憶力可以持續三個月，甚至還可以認出時間幾點鐘。
研究小組訓練在每天特定的時間讓金魚吃東西，
他們在魚缸裡放槓桿，好訓練金魚要自己想辦法壓下槓桿，
才能吃到東西。

等你瞭解使用「數字-韻腳」的訣竅以後，讓我們來看看你是否能夠用這個方法，記住以下清單上的東西：

0. Window（窗戶）
1. Chair（椅子）
2. Poppy（罌粟花）
3. Bird（小鳥）
4. Comic book（漫畫）
5. Badger（獾）
6. Picture（照片）
7. Bed（床）
8. Soap（肥皂）
9. Orange（橘子）
10. Football（足球）

如果你想記住這些東西的話，只要把這些東西跟這些字的韻腳，透過強而有力的方法聯結在一起。沒錯，就是透過**想像力**與**聯想力**。

窗戶對門
說了什麼？

你吱吱嘎嘎吵什麼吵啊？
有窗板會發出聲音的是我耶！

O. Hero（英雄）/window（窗戶）

請你想像一個正在救人的英雄（hero），他全身都是肌肉，緊握著拳頭，咬緊了牙關，衝到窗子裡幫你打敗敵人。你聽到窗子（window）被碰撞的聲音，以及英雄為了拯救你而與敵人奮戰時，用力揮拳所發出的吼叫聲。

現在你要施展魔法，把英雄（hero）跟窗子（window）這兩個字連在一起，在心裡頭將英雄打破窗子這件事建立強烈的視覺印象，並運用感官讓這個印象在心裡根深柢固。因為你知道英雄（hero）跟O（zero）的韻腳很像，所以你就會記住O（zero）跟窗子的關係了。怎麼樣，很簡單吧！

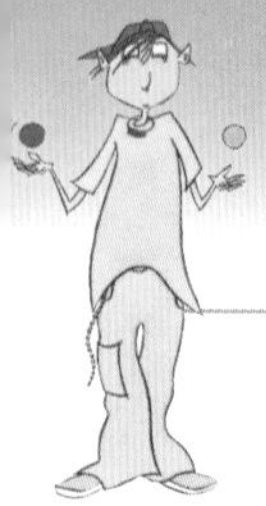

現在讓我們來看看，你該怎麼把其他幾個數字跟物件聯結在一起。

1. Bun（圓麵包）/chair（椅子）

想像一個很大的**圓麵包**放在一張搖搖欲墜的**椅子**上面。因為這個圓蛋糕太重了，結果把椅子的腳給壓斷了！想像你聞到新鮮的麵包香味兒，嚐嚐它的味道，真是個好吃極了的圓麵包！

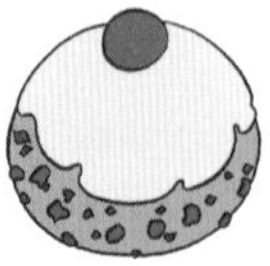

2. Shoe（鞋子）/poppy（罌粟花）

想像你最喜歡的一雙**鞋**（也許是雙運動鞋？）上面長出了一株亮紅色的**罌粟花**。你想把它摘下來，可是它的莖毛茸茸的，弄得你的手指頭好癢。

3. Tree（樹）/bird（小鳥）

想像一棵很大的**樹**，上面停著一隻漂亮的黃色**小鳥**。那隻小鳥唱著你從沒聽過的、最快樂的歌。你在樹下跟著小鳥唱歌的節奏跳起舞來，覺得自己是世界上最快樂的人了！

4. Door（門）/comic book（漫畫）

想像你臥房的**門**，是用你最喜歡的漫畫的彩色頁做的。請你想像漫畫裡的各種角色在書頁間跑來跑去，而且當你開門時，還可以聽到書頁沙沙作響的聲音。

5. Hive（蜂窩）/badger（獾）

想像一隻**獾**正用牠的鼻子嗅著一個**蜂窩**。不過這隻獾的身上可不是黑白條紋，而是像蜜蜂一樣是黑黃條紋的。你可以看到蜂蜜從牠的爪子流到牠身上的毛。用你的手沾點蜂蜜，嘗一滴它黏答答的甜蜜滋味。

6. Sticks（木棍）/picture（照片）

想像你用四支很光滑的**木棍**，框住那張你最喜歡的全家**合照**。

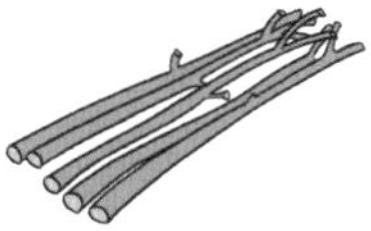

7. Heaven（天堂）/bed（床）

想像天堂裡所有的**天使**香甜地睡在一張又寬大、又潔白、又柔軟的**床上**。

8. Skate（溜冰鞋）/soap（肥皂）

想像你正在溜冰，但是你腳上穿的不是**溜冰鞋**，而是捆著兩塊粉紅色的**肥皂！**如果你把畫面拉近，還可以看到在你身後的地板上，留下兩行肥皂泡的痕跡。

9. Vine（葡萄）/range（橘子）

請你想像一株巨大而彎曲的**葡萄樹**，就像《傑克與豌豆》裡的傑克的那株豌豆樹。不過這株樹上長的不是葡萄，而是多汁的**橘子**掛在葡萄藤上面。

10. Hen（母雞）/football（足球）

想像一隻在坐在巢裡面的**母雞**，不過牠下的不是雞蛋，而是一顆黑白相間的**足球**。

經過幾次練習之後，你可能每次都可以記住全部十一組聯想物。你很快就會發現，你可以運用這個方法達到各種不同的目的，例如你可以記住才剛學會的幾個數字的韻腳：如 Bun（圓形麵包）等於1，Shoe（鞋子）等於2，Tree（樹）等於3！你的腦袋會發現，透過韻腳的圖案來記憶，要比光記數字來得**容易**多了。

恭喜你！現在你已經學會**五種**主要的記憶工具了：心智圖、記憶電影、記憶宮殿，以及兩種數字記憶法。你要持續不斷地練習，才能讓這些方法變成一種本能反應。經由不斷的練習，你將可以很快記住任何你想記住的事。現在我們要把所有的記憶工具統合起來，讓你的記憶肌大顯身手啦！

讓你的記憶力加倍！

你可以同時用兩個數字記憶法的技巧，來幫助你記住**兩倍**的資訊。
例如你必須要記住兩份不同的清單，
你可以用「數字-形狀」來記住其中一份清單，
然後用「數字-韻腳」來記住另外一份。

藍彼得的魔力

你有沒有在2004年英國BBC電視台所播出的節目《藍彼得》上看過我呢？製作單位要求我在節目裡看一個射飛標的靶子。藏在每個數字後面的圖案都跟藍彼得有關。製作單位給我幾分鐘記住這些圖案，然後再把所有的圖案都蓋起來。在節目進行到尾聲時，他們會測驗我是否仍舊還記得。你問我怕不怕？我當然不怕囉？我覺得好玩極了！我利用「數字-形狀」的技巧記住了它們，而且也正確回答了答案。現在，你也可以跟我一樣喔！

動動腦

請你明天早上起床以後在紙上寫下五個字，
然後給自己一分鐘的時間，
利用其中一種數字記憶法來記住這五個字的順序。
請你把這張紙放進口袋裡，然後腦袋裡開始想別的事。
到了吃午餐時，請你再想想那五個字是什麼。你還記得它們是哪些字嗎？
（如果你忘了的話，請你再記一次，並加深數字跟這些字之間的聯想力）
請你把那張紙重新放回口袋，並在晚餐前再測試一次自己還記不記得。
你一定還記得它們，對不對？這真是太神奇了！
下次，請你試試看記10個字，再下一次記20個字，然後以此類推下去。

為什麼小鳥
會被學校開除呢？

因為她總是在玩很珍貴的蛋黃
（“practical yolks”，
取“practical jokes”
惡作劇的諧音）。

Chapter 5

動動你的大腦

Flex Your Memory Muscle

無論你想記住的事情是簡單還是複雜，
本書提供的記憶工具都可以讓你達到目的。
你說什麼？**任何我想記住的事**？
沒錯，你可以記住任何你想記住的事。
你只要運用你大腦裡不到1%的空間，
就可以記住所有的事。

若是你學習並運用你的記憶力越多，你的記憶力就會越容易**適應**記憶，也會**越容易**記住事情。所以，無論是歷史上一百個名人的詳細資料，或是朋友的生日是哪一天，你都有辦法記住。讓我們來看看，你想記住的事情可能有哪幾類。

不要浪費時間記小事

你每天得記住一大堆的事情，雖然這些都只是小事，但似乎卻很容易忘記。例如哪些事呢？

★班上新同學名字。
★球隊比賽的分數。
★清單上的東西，例如假日時該攜帶什麼東西，或是購物清單。
★電話號碼。
★你必須隨身攜帶的物品，像是體育服裝。
★英文或其他外國語文的文法書。

有了記憶工具之後，你就再也不會忘記上述這些小事了。你會發現數字記憶法、記憶電影、以及記憶宮殿等都是快速記憶的最有效工具。**現在**就動動你的大腦，讓它開始記東西吧！

與你的記憶力玩耍

有很多很神奇的遊戲，真的能讓你的記憶肌充分活動，例如「金姆遊戲」（Kim's Game）及索爾阿姨（Pairs and Auntie Sal）這些聰明人發明的遊戲，只不過是其中的皮毛而已。舉例來說，下棋是全世界最聰明的天才們都很喜歡的遊戲，同時也是絕佳的記憶力輔助工具。找字、填字謎、比比看（spot-the-difference puzzles）註 等同樣也能讓你的記憶肌充分活動。

註：比比看（spot-the-difference puzzles）是兩幅看起來很像、但實際上卻有些微差異的圖畫，通常出現在童書或報章雜誌上，讓讀者經由比對之後，試著發現兩幅不同版本的圖畫之間的區別。

東尼的記憶問答題

1.你需要重複記憶幾次，才能永遠記住一件事？

2.如果你想記住某件事，中間要間隔多久再重複記一次呢？

3.休息是否能夠幫助記憶？小撇步：回想河上的那條繩子。

4.你應該隔多久休息一次？一次可以休息多久？

答案：

1.五次。

2.第一次：差不多10分鐘。第二次：24小時。第三次：一星期。第四次：6個月。

3.休息會讓你的學習中段過程縮短，而這段時間正是你最不容易集中注意力的時候。

4.你應該每45分鐘就休息5或10分鐘。

名字的遊戲

記住一個人名字最好的方法，就是發揮你的**想像力**。把你想要記住的那個人的名字拿來**玩耍**一下，像是利用他們的長相等任何你喜歡的方法。你知道有些人的名字一模一樣嗎？為他們製作一部小型的記憶電影，把他們的名字歸在同一類。當他們第一次告訴你他們叫什麼名字時，你也可以大聲地唸出來，來幫助你記住他們的名字是什麼。

你要怎麼記住這些人的名字呢？

★ 玫瑰：一個班上新來的害羞女孩。
★ 拉翡爾：你朋友從墨西哥市來玩的表兄弟。
★ 哈利：你弟弟新交的怪朋友。
★ 史脫巴特太太：學校新來的老師。
★ 大衛與梅爾：你爸媽的朋友。

你想要記住**玫瑰**的名字的話，可以想像一朵粉紅色的**玫瑰**出現在教室門的旁邊。如果你想記住**蓋布利葉**（Gabriel）的話，可以想像他是個**天使**（因為蓋布利葉是個很有名的天使的名字）從墨西哥市飛到你們這裡來。

至於其他人要怎麼樣比較好記呢？請你自己想想看！

你會怎麼形容一隻
穿了錫衣的蚊子？

被身披盔甲的人咬了一口
（英文的意思是被外表所騙）。

神奇的大腦
我們以前見過面嗎？

來自德國12歲的卡塔瑞娜．邦克（Katharina Bunk）是世界兒童記憶錦標賽的冠軍。她在2003年的比賽裡，在15分鐘內記住了90個人的名字與臉孔。

分數戰爭

在一場**精采**的球賽過了幾天之後，你還是可以記住當天比賽的成績。但是過了**幾個星期**以後，你還能記住球隊整季球賽的分數，而跟你的隊友討論嗎？

這裡有幾個方可以讓你記住每場球賽的分數。例如一些很方便的**數字記憶工具**，此外，**心智圖**也能幫你不斷**增加**記憶中的球賽分數。

想像你必須記住以下世界盃足球賽的分數：

巴西 2—西班牙 1
愛爾蘭 1—俄羅斯 1
英國 3—德國 2
中國 2—俄羅斯 1

請你用其中一種數字記憶法，把每場比賽的分數與國家聯結在一起，然後畫一個**心智圖**。以下是你利用**數字-押韻**所能記住的第一場球賽的分數：

關於巴西對西班牙這場球賽，比數是2（shoe鞋）比1（bun圓麵包）。你可以想像一雙很大的**黃**色足球**鞋**（因為巴西隊球員的衣服是黃色的）正在踢一個超級大的圓麵包，而這個**圓麵包**的形狀很像西班牙地圖。你是不是看到那雙足球鞋每踢一次，就踢得滿地都是小圓麵包的碎屑呢？

至於愛爾蘭對俄羅斯那場球賽的分數是1（bun圓麵包）比1（bun圓麵包）。你可以想像兩個很大的**圓麵包**，頭抵著頭想把對方給撂倒。其中一個圓麵包是亮綠色的，而且頭上還黏了棵酢漿草（因為酢漿草是愛爾蘭的國花），至於另一個圓蛋糕則是紫色的，形狀很像甜菜根——因為俄羅斯人最愛喝甜菜湯。

現在，請你自己想想看其他幾場比賽該怎麼玩吧！

不要抗拒清單的有趣之處！

你可以自己想一個**遊戲**，來記住清單上有關朋友與家人事情的順序—像是在進行一趟長途旅行的時候。若是這份清單很長的話，最好的記憶工具就是**電影記憶法**與**記憶宮殿**。

讓我們先從電影記憶法開始進行好了。想像你阿姨正在進行一趟長途旅行。她正試著要決定該在背包裡放什麼，而你正在幫她打包。你挑的每件東西都是她用得到的，不過在她打包之前，你必須**記得**她已經放了什麼在背包裡。在你做這件事情的時候，請錄製一部記憶電影，記住全部她所攜帶的東西。
想像以下這些是截至目前為止你建議她帶的東西：

1. 驅蚊液。
2. 遮陽帽。
3. 塑膠拖鞋。
4. 泳衣。
5. 大毛巾。
6. 一本好書。
7. 睡衣。
8. 牙刷。

你可以錄製一部記憶電影如下：

索爾阿姨出發前往外蒙古

想像你獨自一個人走在叢林裡。突然之間你被一大群嗡嗡叫的蚊子給攻擊了——你聽到牠們高頻率的嗡嗡聲充斥在四周。**驅蚊液**在哪裡？
快拿出來！快點噴！你再往前走了一點，來到了一片陽光普照的空地——你可以感覺到溫暖陽光照在頸子的後方。

你很快把**遮陽帽**戴在頭上。然後你突然感覺鞋子磨到你的腳趾頭。好痛喔！你檢查了一下，發現腳趾頭上長出幾個討厭的水泡。

不過，管他的！反正你可以換上你的**塑膠拖鞋**！現在你覺得有點熱，又出了點汗，不過馬上就有東西可以應急了——眼前有個很棒的瀑布，形成一個藍色清涼的天然岩石游泳池。你很快換上泳衣，然後跳進池子裡。

冰涼的水讓你感到很驚訝，然後你開始在裡面游了起來。你游了一會，重新振作起精神，然後從水裡爬出來，拿出**大毛巾**擦乾身體，感受到毛巾柔軟的觸感滑過皮膚。這時你覺得整個人神清氣爽，而且很放鬆，於是你拿出那本**好書**來看。

等你走回帳篷時，突然感到非常想睡覺，並開始打哈欠及伸懶腰。是該睡覺的時間了！於是你換上**睡衣**，拿起**牙刷**朝浴室走去。

整理並運用你的記憶宮殿

你是否想試試看如何利用記憶宮殿（見第66頁）來記住索爾阿姨要帶的每樣東西呢？如果你的腦海裡已經有清楚的記憶宮殿輪廓？那真是太棒了！如果還沒有的話，請你很快瞧瞧自己畫的心智圖，來加深你的記憶力。

現在請你看看下面清單上所選出來的第一個字，運用你的想像力把這樣東西與你的記憶宮殿聯結起來。請你一直繼續做下去，直到把清單上所有的東西都放進記憶宮殿為止。

1. 蛙鞋。
2. 隨身聽。
3. 防曬油。
4. 笑話集。
5. 照相機。
6. 大毛巾。
7. 洗髮精。
8. 寫生簿。
9. 電池。
10. 髮夾。

神奇的大腦

你知道候鳥有著絕佳的長程記憶嗎？

每年大約有五千萬隻候鳥飛回牠們原來生長的地方過冬。

有些鳥，例如北極燕鷗，可以飛到10000公里（6214英哩）、甚至更遠的地方，十分驚人。這些鳥為了尋找回家的路，會根據太陽、月亮及星星的方向在體內設定羅盤。同時，牠們也會透過地球磁場的引領找到方向。

有些候鳥甚至懂得依賴其絕佳的嗅覺而到達目的地。

如果你想記住清單上的第一樣東西的話，請你根據以下的方法開始做：

蛙鞋。你可以想像你穿著蛙鞋，在記憶宮殿裡一個很大的白色大理石台階上來回地來走去。你可以聽見自己每走一步，腳下的蛙鞋所發出的怪聲。

隨身聽。想像記憶宮殿裡的水晶吊燈上吊的不是水晶，而是掛滿了CD。看看這些CD如何在摩擦時反射出亮光來。

現在輪到你自己開始想像了！

腿骨對腳說了些什麼？

只要跟著我（Stick with me），
你就可以走到任何地方（and you'll go places）。

它看起來很大，但你的記憶力容量更大

能記住小部分的事是很不錯啦，但若是事情很複雜的話，該怎麼記呢？
像是：

★一齣戲裡的重要角色的所有台詞。
★為了演戲需要而需要記住的外國話。
★你正在讀的書裡頭的劇情與人物。
★昨天晚上你做的夢。
★英國國王與王后的名字。
★科學或地理實驗的複雜過程。
★配合你最喜歡音樂的舞步。
★某種遊戲或運動的比賽規則。
★你班上每個同學的歲數與生日。

最棒記憶工具一心智圖真的非常管用。通常它包含了數字工具與電影記憶法。
現在就請你使用這些工具，來活化、並運用你的記憶力吧！

神奇的大腦

2004年，來自奧地利16歲的喬慶．泰勒（Joachim thaler）
在五分鐘之內，記住了隨機選出來的44個歷史事件的日期。
這通常是一名學生在一年之內所能記住的日期數量。
夠厲害吧？

東尼的記憶問答題

在在外蒙古的叢林裡，索爾阿姨一早醒來，感覺在她睡衣口袋裡好像有什麼東西。這個東西有頭（head）也有尾（tail），但是沒有腳。當索爾阿姨起床時，感覺到這個東西在口袋裡動來動去的。不過這件事並沒有嚇到索爾阿姨，她還是一如平常地去弄早餐來吃。為什麼她可以這麼鎮定？

答案：

因為她知道那只是一枚硬幣。（因為英文裡硬幣的正面與反面，稱為"head"（頭）和"tail"（尾）。）

班上每個同學的歲數及生日

假設你們班有20個學生，無論是誰生日，都會買一個大**蛋糕**並點上**蠟燭**一起慶祝。身為班長的你，必須要負責在每個人生日的這個**大**日子裡去買一個大蛋糕，這也表示了你必須記住每個人的生日是哪一天。你能記住所有人的生日嗎？太**簡單**了！只要使用**心智圖**，當然一切都可以搞定！

你可以有好幾個方式來畫心智圖。你可以用12個分支代表一年裡的每一個**月**，然後在分支上再加上子分支，代表那個月生日的壽星。或者你也可以用同學的名字，根據**字母**的排列順序來畫心智圖。不論你用哪種方式，都會發現透過這個心智圖來記住同學的生日跟年紀，真的是**簡單**多了。

想像以下是你班上同學的生日名單。請你為它畫一份心智圖，如此一來就可以記住全班同學的生日了。你當然可以問問班上每個同學的生日是哪一天，然後根據他們真正的生日與歲數畫一份心智圖。

1. 安純（Anjum），2月22日。
2. 安娜（Anna），6月3日。
3. 班（Ben），5月27日。
4. 查理（Charlie），6月3日。
5. 大衛（Dave），11月4日。
6. 艾莉（Ellie），11月30日。
7. 菲利斯（Felix），12月3日。
8. 喬治（George），3月13日。
9. 哈米許（Hamish），9月5日。
10. 艾瑞絲（Iris），10月23日。
11. 凱倫（Karen），1月4日。

12. 米力（Milly），7月3日。
13. 諾亞（Noah），8月19日。
14. 奧莉薇亞（Olivia），1月16日。
15. 歐佳（Olja），11月1日。
16. 保羅（Paulo），3月8日。
17. 瑞基（Ricky），6月17日。
18. 史黛西（Stacy），9月24日。
19. 湯姆（Tom），12月24日。
20. 凡爾蕾（Violet），4月25日。

神奇的大腦

你是否曾經試過這個方法呢？請你把一疊撲克牌鋪在地上，
花色朝下全部排出來。每個人輪流同時翻開兩張牌，
然後再把牌蓋起來，盡可能把同樣字母的牌湊成一對。
誰收集的對牌最多就贏了。

請你很快記住地板上最下面一排及左上方的牌——
就像記心智圖一樣。
這裡請你只用一種數字記憶法來記撲克牌的位置，
然後用另外一種數字記憶法來記撲克牌上面的數字。
當你每次把牌翻開來的時候，
在你心智圖上的那個參考數字就會產生作用，
像是那張 3號牌在對面，而 4號牌在上面。
然後可以很快地利用你的想像力把 3號牌跟 4號牌的數字與
牌上的花色聯結在一起。

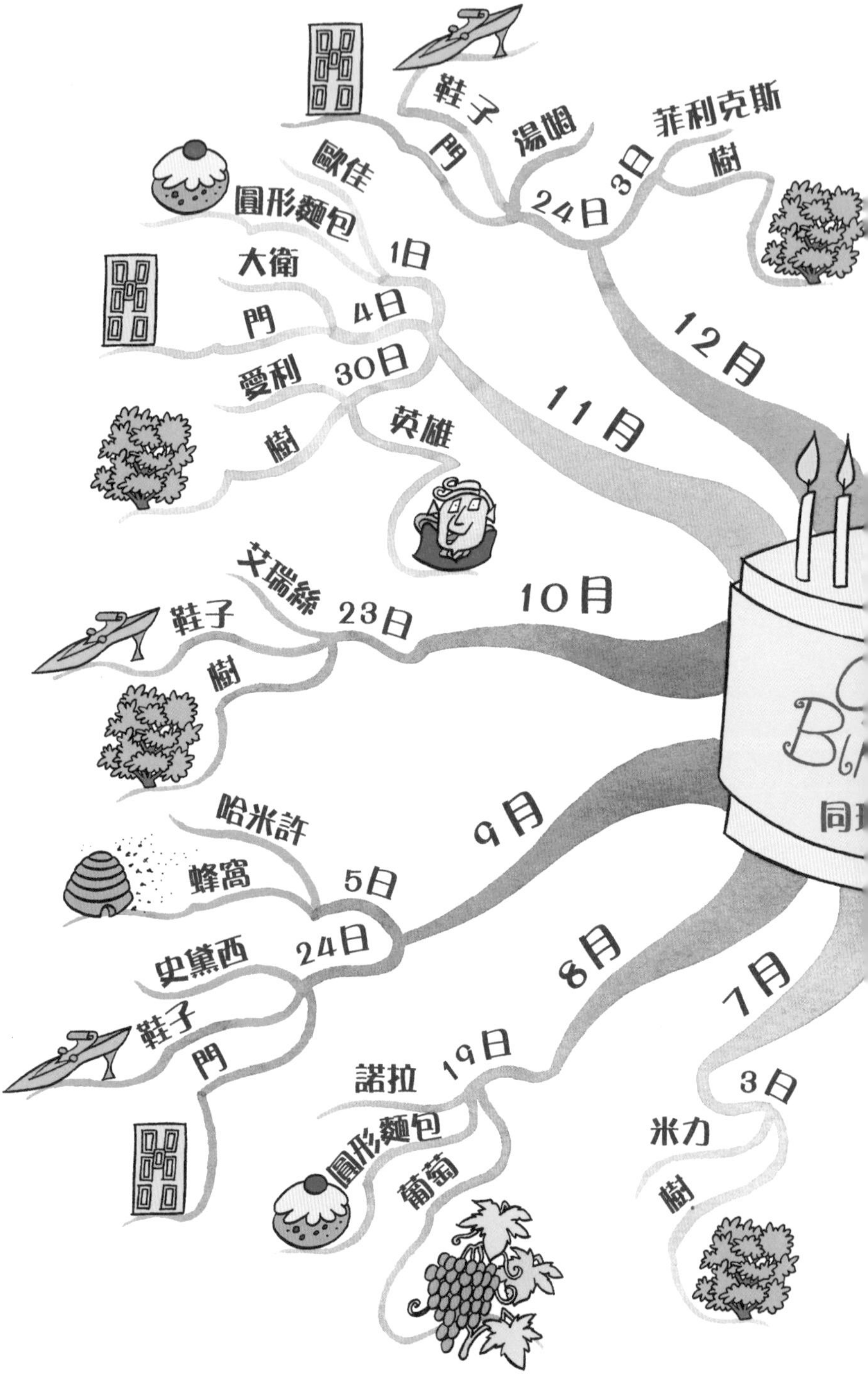
12月
24日
湯姆
門
鞋子
3日
菲利克斯
樹
11月
1日
歐佳
圓形麵包
4日
大衛
門
30日
愛利
樹
英雄
10月
23日
艾瑞絲
鞋子
樹
9月
5日
哈米許
蜂窩
24日
史黛西
鞋子
門
8月
19日
諾拉
圓形麵包
葡萄
7月
3日
米力
樹
同

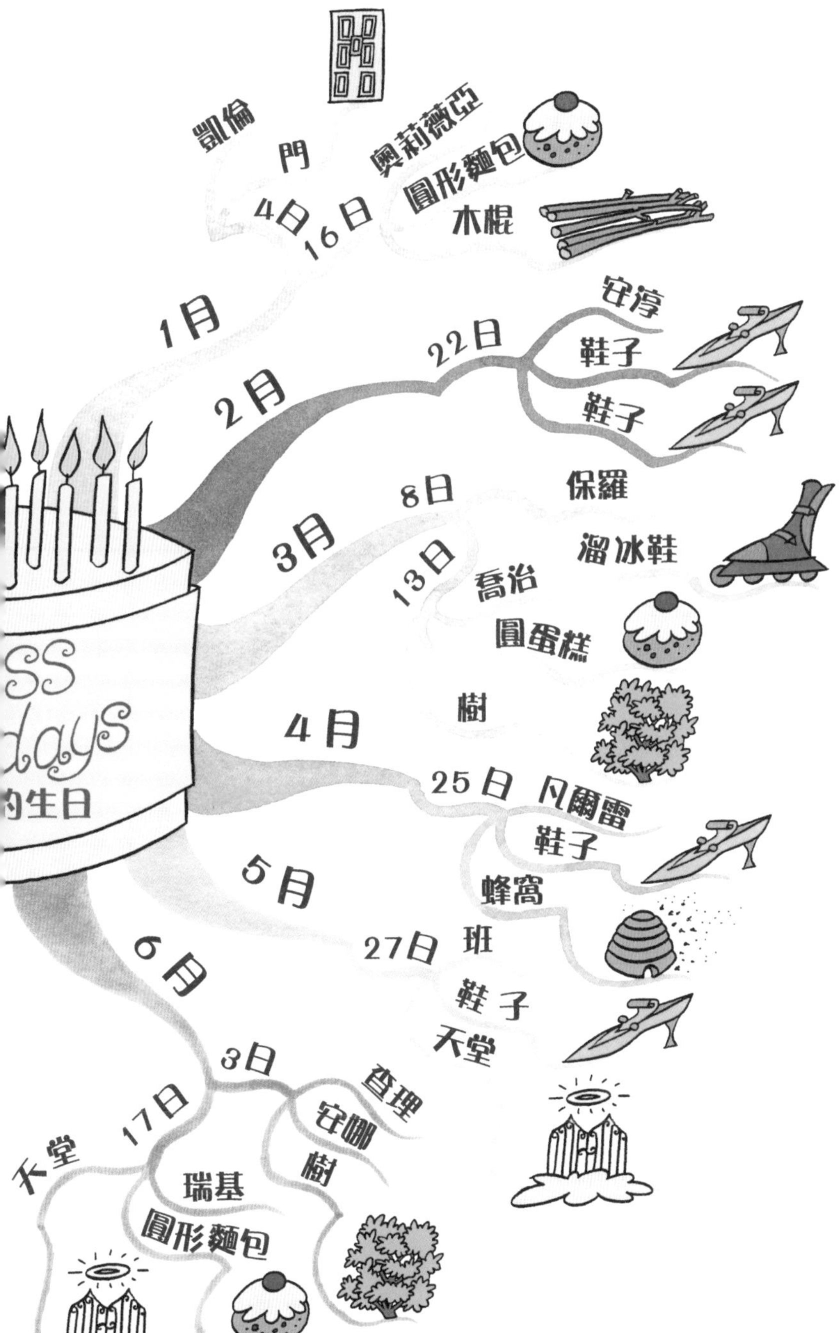
凱倫
門
奧莉薇亞
圓形麵包
4日
16日
木棍
1月
安淳
22日
鞋子
2月
鞋子
8日
保羅
3月
溜冰鞋
13日
喬治
圓蛋糕
樹
4月
25日
凡爾雷
鞋子
5月
蜂窩
27日
班
鞋子
天堂
6月
3日
查理
安娜
17日
樹
天堂
瑞基
圓形麵包

戲裡重要角色的台詞

當你為了演一齣戲而要必須記住台詞時，想像你演的這齣戲是一部**記憶電影**。你只要用非常**多采多姿**的方法，在腦裡記下你的角色就可以了。請你充份運用你的**感官**。例如你扮演的是一名非常勇敢的上尉，而一艘海盜船正步步向岸邊逼進的話，你站在窗邊，嘴裡說著的台詞如下：

雷聲與閃電大作！海盜船來了！快點快點——到城堡的牆邊就定位！把槍上膛！來人啊！我的劍在哪裡？

請你完全想像自己身歷其境的那種感覺。如果是你的話，你會怎麼說？你是會**很興奮**？**很害怕**？還是**很高興**？你有沒有辦法站著不動？那時候你的手在幹什麼？在你心裡盡可能把台詞想像得更**生動**一點。如果你這麼做的話，就會記住所有的台詞，**甚至有辦法**演得像個**好萊塢明星**那麼棒！如果你想要多一點助力的話，請你畫一個有關這個角色主要動作的**心智圖**，並且在你在台上說那句台詞的某個關鍵字旁邊，加一些小圖案在上面。

若是你還沒背好台詞的話，也可以參考下面這段台詞。請你把你要做、要說、以及要感覺的事開始記錄在你的**記憶電影**裡。然後畫一個**心智圖**為它們作個總結。在心智圖的下一頁，將告訴你如何利用它來記住台詞。

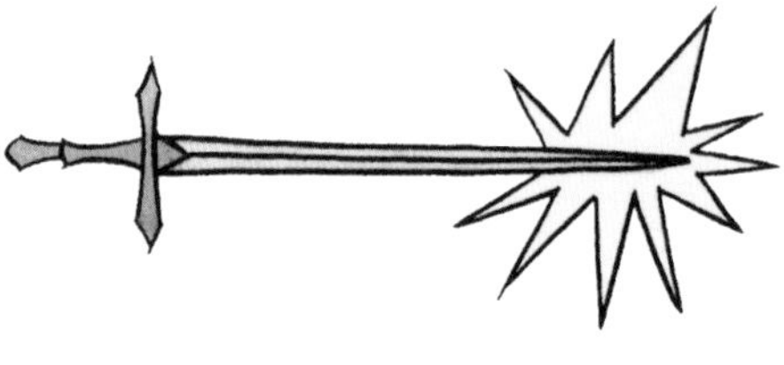

包哈特上尉

（在城塔裡）

雷聲與閃電大作！海盜船來了！快點快點——到城牆旁邊就定位！把槍上膛！來人啊！我的劍在哪裡？

（侍從遞上劍）

喔，是的。就是這把劍。這把高貴的劍，是我父親用西班牙的鋼鐵，親手鑄出來的劍。

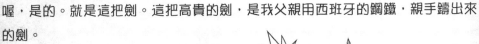

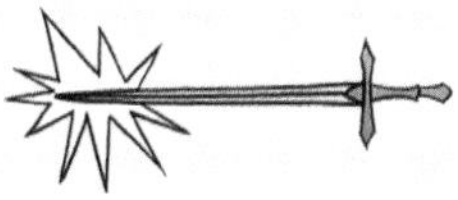

（舉出劍）

我的劍啊，今天，就請你把我帶到敵人那裡，與他們一決勝負吧！讓我為我親愛的哥哥報仇——他被邪惡的包瑞爾謀殺了啊！

（走進中央的房間，開始表演陷入回憶的模樣）

某天晚上，海盜包瑞爾偷偷溜進城堡裡，帶走了我三位美麗的姐姐。我那高貴的哥哥聽到了聲響便衝了出去。他手裡緊握著劍，與包瑞爾廝殺起來。

（把劍舉高，做出打鬥的姿勢）

但是包瑞爾欺騙了我哥哥。他說他要投降，而我那可憐的哥哥竟相信了他，準備讓他離開。包瑞爾見機不可失，一把將劍刺進了哥哥的心臟。我哥哥因此而喪生，而包瑞爾卻逃走了。喔！不！怎麼會發生這種事？

（把身體轉向塔裡的窗邊）

在我手上的劍刺進他的胸膛之前，我絕不能悲歎，更不能鬆懈！包瑞爾，我將親眼見到你的死亡，因為我，勇敢的上尉包哈特，將要為哥哥報仇！

（出場）

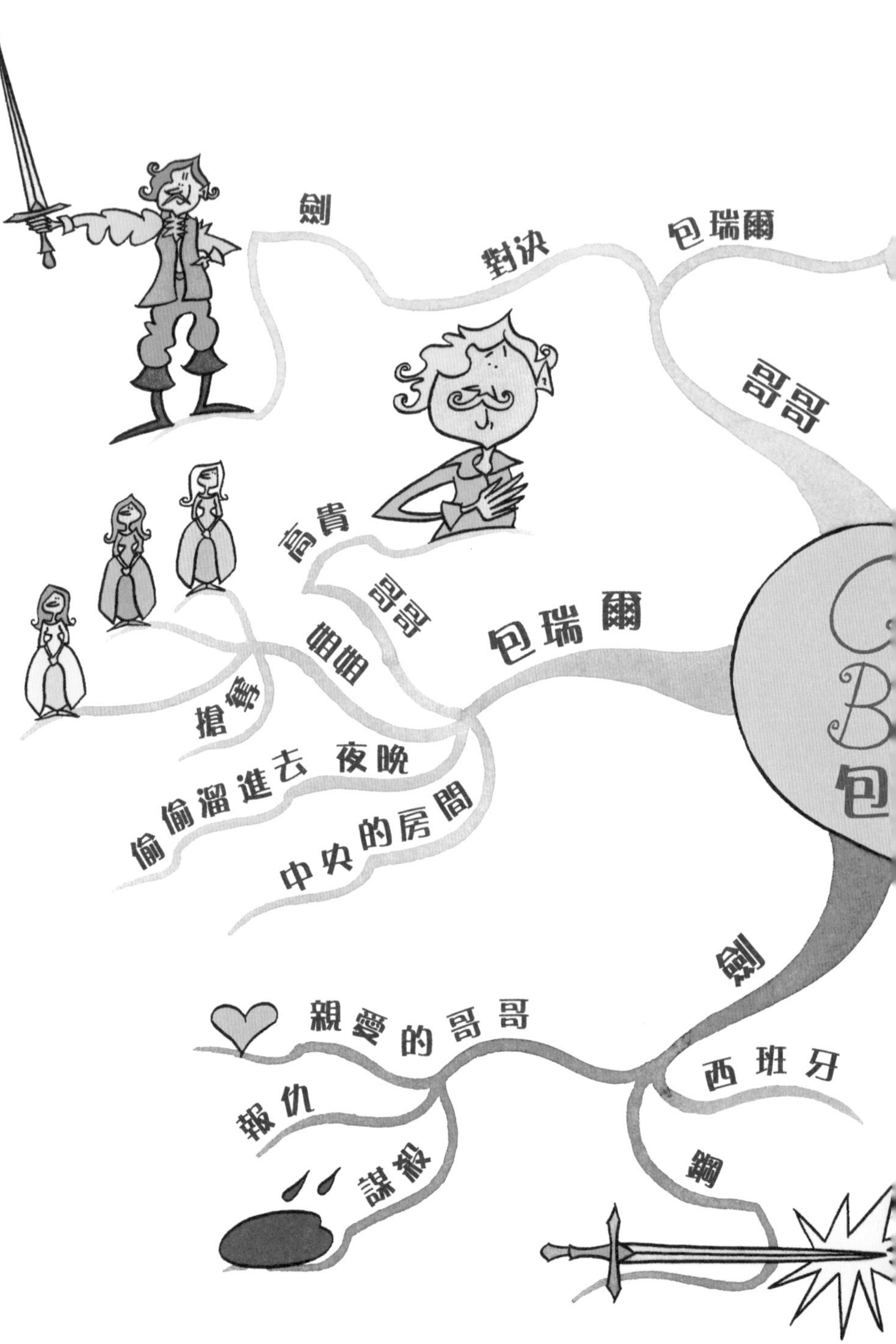
劍
對決
包瑞爾
哥哥
高貴
哥哥
姐姐
包瑞爾
搶奪
夜晚
偷偷溜進去
中央的房間
包
劍
親愛的哥哥
西班牙
報仇
謀殺
鋼

欺騙
心臟
劍
刺
哥哥
死亡
逃走
塔
窗戶
不
哭泣
報仇
休息
遇見
他的
劍
心
tain
heart
上尉
打雷
閃電
包瑞爾
海盜
城堡
城牆
武力
準備好

把人物放進歷史裡

學歷史必須記住很多人名跟事件，但你常常弄不懂他們彼此之間的關係是什麼。**心智圖**能夠提供線索，是讓你找出他們之間有什麼關係的**最佳**工具。

舉例來說，你已經學了不少有關英格蘭的歷史。你對征服者威廉[註1]（William the Conqueror）有一點瞭解，也知道約克的理察[註2]（Richard of York）與亨利．都鐸[註3]（Henry Tudor ）都跟玫瑰戰爭[註4]（the Wars of the Roses）有關。當然，你也知道在查理四世死了以後，發生了英法百年戰爭[註5]。

但是你要怎麼把這些事全部**串聯在一起**呢？心智圖是個很好的選擇，因為它能幫助你看到**更大的圖像**，並且幫你**記住**誰是誰，以及事件發生的時間。

英格蘭的國王與王后

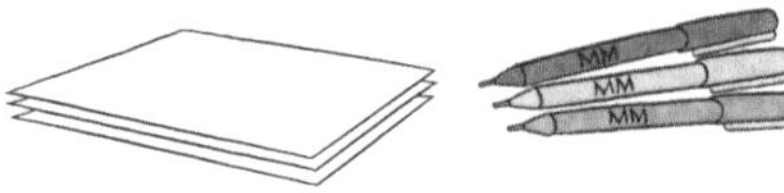

請你看看下一頁所有英格蘭國王與王后在位的時間表。拿出紙筆畫一個**心智圖**來記住他們全部。一開始請你先為每個不同家族、或氏族畫出**主要分支**，然後在心智圖上再加上你所知道的國王與王后的名字，還幫助你**記住**誰是誰。

註1：征服者威廉（1028~1087）出生於法國諾曼地公國，年幼即位後多次受到暗殺陰謀的威脅。他的表兄表兄英格蘭國王愛德華早年曾流亡諾曼第，得到威廉的保護，所以兩人結盟，征服者威廉更許諾在自己去世後，要將英格蘭王位繼承權轉讓給威廉。但是愛德華死後哈洛德二世繼承英格蘭王位。威廉堅持主張自己對英格蘭王位有繼承權，於是出兵佔領英格蘭，是為威廉一世。他為了鎮壓國內盎格魯撒克遜人的叛亂，將英國五分之一土地作為自己的領地，並將手下分別派駐各地鎮守，在全國修建了很多城堡。著名的倫敦塔與溫莎城堡都是在那個時期修建的。威廉一世引入了法語和法國的生活習慣，其中一些辭彙和習俗對英國產生了很大的影響。後來他為了鎮壓長子羅伯特二世在諾曼地發動的反叛，親自返回法國，但卻不幸因落馬受傷而死。

註2：約克家族的理察三世（1452~1485）是愛德華四世的弟弟。他在1483年成為攝政王，殺害了侄子愛德華五世後即位。鎮壓了要求王位繼承權的白金漢公爵叛亂。但是在和亨利．都鐸的交戰中，由於部下威廉．斯坦利叛變而失利被殺，從此約克王朝結束。儘管理察三世因為篡位而沒有留下好名聲，但是不可諱言的是他極有政治才能。

註3：亨利．都鐸（1457~1509）即亨利七世，是亨利六世母異父的弟弟愛德華．都鐸和蘭卡斯特公爵約翰．岡特的孫女瑪格麗特的兒子，被視為蘭卡斯特派的首領。他曾經流亡法國。1485年在法國援助下殺死了理察三世，宣佈繼承英格蘭王位。1486年他與約克家族愛德華四世的女兒伊麗莎白結婚，宣佈約克和蘭卡斯特兩大家族合併，結束了玫瑰戰爭。

註4：玫瑰戰爭（Wars of the Roses）是指1455~1487年間，蘭卡斯特家族（House of Lancaster）與約克家族（House of York）的支持者為了英格蘭王位而發生斷續的內戰，史稱玫瑰戰爭，或薔薇戰爭。這兩個家族都是金雀花王朝（Plantagenet）王室的分支，是英王愛德華三世的後裔。「玫瑰戰爭」一名源於兩個家族所選的家徽，蘭卡斯特家族的家徽是紅玫瑰，而約克家族是白玫瑰。由於玫瑰戰爭導致貴族大量的傷亡，造成後來英國貴族封建力量的削弱。

註5：百年戰爭是指1337~1453年間發生於英、法之間的戰爭。當時是黑死病流行的時代，在戰爭和疫病的雙重打擊下，英、法兩國的經濟大受創傷，民不聊生。因為這場戰爭是在法國進行的，法國變得滿目瘡痍，很多人民無家可歸，但法國最後卻因這場戰爭而完成了統一大業，為其日後在歐洲大陸的擴張打下基礎。英國在百年戰爭後不但一無所獲，還喪失了幾乎所有在法國的領地，結果迫使其放棄大陸稱霸的企圖，轉而向海上發展，從而走上了海上帝國的道路。

英格蘭的國王與王后

諾曼地家族（House of Normandy）

征服者威廉……1066～1087
威廉二世……1087～1100
亨利一世……1100～1135
史帝芬……1135～1154

金雀花家族（House of The Plantagenets）

亨利二世……1154～1189
理察一世……1189～1199
約翰……1199～1216
亨利三世……1216～1272
愛德華一世……1272～1307
愛德華二世……1307～1327
愛德華三世……1327～1377
理察二世……1377～1399

蘭卡斯特家族（House of Lancaster）

亨利四世……1399～1413
亨利五世……1413～1422
亨利六世……1422～1461

約克家族（House of York）

愛德華四世……1461～1483
愛德華五世……1483
理察三世……1483～1485

都鐸家族（House of Tudor）

亨利七世……1485~1509
亨利八世……1509~1547
愛德華六世……1547～1553
瑪麗一世……1553～1558
伊麗莎白一世……1558～1603

史都華家族（House of Stuart）

詹姆世一世……1603～1625
查爾斯一世……1625～1649
查爾斯二世……1660～1685
詹姆士二世……1685～1688
威廉三世與……1688～1702
瑪麗二世……1688～1694
安妮……1702～1714

漢諾威家族（House of Hanover）

喬治一世……1714～1727
喬治二世……1727～1760
喬治三世……1760～1820
喬治四世……1820～1830
威廉四世……1830～1837

薩克森－科堡－哥塔家族（House of Saxe-Coburg-Gotha）

維多利亞……1837～1901
愛德華七世……1901～1910

溫莎家族（House of Windsor）

喬治五世……1910～1936
愛德華八世……1936
喬治六世……1936～1952
伊麗莎白二世……1952～

英格蘭
KING
都鐸家族
1485-1509 亨利七世
1509-47 亨利八世
1547-53 愛德華六世
1553-58 瑪麗一世
1558-1603 伊麗莎白一世
史都華家族
1603-25 詹姆世一世
1625-49 查爾斯一世
1660-85 查爾斯二世
1685-88 詹姆士二世
1688-1694 瑪麗二世
1688-1702 威廉三世
1702-14 安妮
漢諾威家族
1714-27 喬治一世
1727-60 喬治二世
1760-1820 喬治三世
1820-30 喬治四世
1830-37 威廉四世
1837-1901 維多利亞
薩克森—科堡—哥塔家族
1901-10 愛德華七世
溫莎家族
1910-36 喬治五世
1936 愛德華八世
1936-52 喬治六世
1952- 伊麗莎白二世
1st

諾曼地家族
征服者威廉
066-87
威廉二世
1087-1100
亨利一世
1100-35
史帝芬
1135-54
金雀花家族
亨利二世
1154-89
理察一世
1189-99
約翰
1199-1216
亨利三世
1216-72
愛德華一世
1272-1307
愛德華二世
1307-27
愛德華三世
1327-77
理察二世
1377-99
蘭卡斯特家族
亨利四世
1399-1413
亨利五世
1413-22
亨利六世
1422-61
約克家族
愛德華四世
1461-83
愛德華五世
1483
理察三世
1483-85

捕捉你的夢境

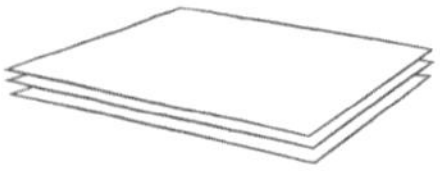

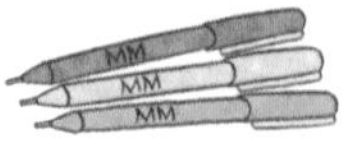

我們晚上都會做夢，只是到了早上不見得都會記得。做夢（以及白日夢）能使**想像力自由**發揮得淋漓盡致。你能夠記住的夢越多，就越能幫助你的**想像力**，並讓你的記憶能力發揮到極致。而心智圖是則是捕捉你的夢境**最好**的方法。

隨時在你床旁邊擺幾支筆與一本筆記簿。當你晚上上床睡覺時，花個一兩分鐘想著要做夢。你不斷告訴自己說：「**我會記住我做的夢**」。當你早上起床時，先不要馬上從床上爬起來。試著靜靜地再躺一會兒，讓自己保持在睡眠狀態。用一種慵懶的方式想想腦袋裡正在想些什麼。你心裡是否出現了什麼圖像呢？是一種感覺？還是幾個字？

當你躺在床上不動時，一部份的夢境會跑回來。拿出你的**筆記簿**，根據你還記得的夢境，盡可能把它畫成一幅**心智圖**。心智圖能夠幫助你喚醒你的記憶，同時你也將發現你能記住比你一開始所預期的還要**更多**。

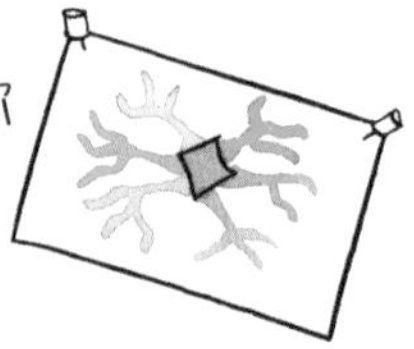

動動腦
簡單的小提示

你是左撇子還是右撇子？不論你是習慣用左手還是用右手，
千萬不要因為習慣而總是只用某一隻手，而很少用另一隻手。
請你用平常不常用的那隻手來刷牙、梳頭髮、吃東西，或是綁鞋帶。
換一隻手來投球或接球。
用你不常用的那隻手——或者是同時用兩隻手——亂塗亂畫！
在做任何事情，請交替使用你的雙手，
如此一來，會讓你的左腦與右腦會同時都變得很強壯。

動動腦
改變你的日常習慣

加果你想學會配合你最喜歡音樂的新舞步的話，
請你先利用腦海中的記憶電影，然後再用你的身體來學習舞步。
加果你一開始就用這個方法來學的話，當你在練習身體的姿勢時，
就會更容易學會正確的舞步。

保留你有關夢境的心智圖，看看是否能找出你的夢有一個固定的**模式**。
你可以從夢中更認識你自己！請你翻到下一頁，看看你能畫出哪幾種心智圖。
你能夠想像這個人夢了些什麼嗎？

藍斯洛爵士什麼時候
會看著他的肚臍？

半夜。

（此處作者是取knight與夜晚night同音，原意是指當他爵士（knight）爵位做到一半的時候）

20?
塔
距離
綠色
慢慢地
低低地
打轉
老鷹
宮殿
水晶
等待
小精靈
到達
看
招手
醒來
碰的一聲
著地
抓住
略過
頭髮
泡
潛水
樹木
高處
風
快速
上面
飛翔
模糊
森林
通過
山谷
感覺
活到永遠
獨角獸
山
很棒
老鷹
我
狂奔
白色
勝利
岩石
一起
金黃色
雪
羽毛
大量
飛走
回來
柔軟
我
爬到上面
臉孔
飛翔
聰明
朝著某方向

走廊
直
長
安靜
亮
白
我跟著動
人們
形狀
不說
走下去
門
盡頭
大
處理
冷
閃亮
門
黃色
石頭
狹窄
岩壁
打開
晴朗
天空
森林
下面
藍色
樹
亮光
太陽
氣味
噪音
巨大
頂
熱
老虎
濕地
熱帶鳥類
猴子
綠色

掌握你的記憶力

The Master of Your Memory

恭喜你！現在你已經能夠掌握本書所提到各種神奇的記憶工具，

同時也能夠掌握你的記憶力與你自己了。

持續與你的記憶力玩耍，

會讓你記住每件你想記住的事。

而且最重要的是，你能記住所有的事情！

你的學習與記憶容量沒有上限。

這表示你所能達到的境界，是永無止境！

BUZAN CENTRES

For information on all Buzan products and courses:

email:Buzan@BuzanCentres.com

website:www.Buzan Centers.com

UK:

Buzan Centre Ltd Headquarters

54 Parkstone Road

Poole

Dorset BH15 2PG

Tel:+44(0)1202 674676

Fax:+44(0)1202 674676

USA:

Buzan Centre USA Inc.(Americas)

P.O. Box 4

Palm Beach

Florida 33480

Free Toll in USA:+1 866 896 1024

Tel:+1 734 207 5287

你所學習與使用的心智圖與記憶工具，具有魔杖一般**神奇**的威力。

它們可以成為你一輩子的朋友，幫助你，正如你現在所知道的，讓你的記憶力更好，更專心，少一點壓力，讓老師瞠目結舌，成為考試高手，讓同學對你刮目相看。你知道**自己**可以變得有多棒。

你正在加入一個全球擁有上萬名會員都在使用心智圖與記憶工具、讓他們非常成功的俱樂部。

這些方法能讓你在各種情況下都出類拔萃，所以你可以在外面發揮最佳**腦力**，並**獲得高分**——這是你**應得**的人生！

就在今天，讓你的智力發揮到最高點。

圖解心智圖的第一本書：腦力全開 想像力X記憶力X學習力［修訂版］

Mind Maps for Kids: Max Your Memory and Concentration

作　　者｜東尼．博贊（Tony Buzan）
譯　　者｜陳昭如
企劃編輯｜蔡意琪

行銷經理｜王維君
業務經理｜羅越華
總 編 輯｜林小鈴
發 行 人｜何飛鵬
出　　版｜新手父母出版・城邦文化事業股份有限公司
台北市中山區民生東路二段 141 號 8 樓
電話：02-2500-7008　傳真：02-2502-7676
E-MAIL：bwp.service@cite.come.tw
發　　行｜英屬蓋曼群島商家庭傳媒股份有限公司城邦分公司
台北市中山區民生東路二段 141 號 11 樓
書虫客服服務專線：02-2500-7718；02-2500-7719
24小時傳真專線：02-2500-1990；02-2500-1991
服務時間：週一至週五上午09:30～12:00；下午13:30～17:00
讀者服務信箱：service@readingclub.com.tw
劃撥帳號｜19863813　戶名：書虫股份有限公司

香港發行｜城邦（香港）出版集團有限公司
香港灣仔駱克道 193 號東超商業中心 1 樓
電話：852-2508-6231　傳真：852-2578-9337
電郵：hkcite@biznetvigator.com
馬新發行｜城邦（馬新）出版集團Cite(M) Sdn. Bhd.
41, JalanRadinAnum, Bandar Baru Sri Petaling,57000 Kuala Lumpur, Malaysia.
電話：603-9057-8822　傳真：603-9057-6622

封面設計｜劉麗雪
製版印刷｜卡樂彩色製版印刷有限公司

2007年 8月 2日 初版
2015年 4月23日 修訂版
2020年 1月15日 修訂二版
定價 320元

城邦讀書花園
www.cite.com.tw
Printed in Taiwan

ISBN 978-986-7047-68-7
EAN 471-770-209-989-3

國家圖書館出版品預行編目資料

圖解心智圖的第一本書／東尼・博贊（Tony Buzan）；
陳昭如譯. -- 修訂版. -- 臺北市：新手父母出版：
城邦文化發行，2015.04
面：公分（好家教系列；SH0031X）
譯自：Mind Maps for Kids: Max your memory and
Concentration
ISBN 978-986-7047-68-7（平裝）
1. 記憶 2.學習心理學
176.33　　96013040